# INFERTILIDADE E REPRODUÇÃO ASSISTIDA
## Desejando filhos na família contemporânea

# COLEÇÃO "CLÍNICA PSICANALÍTICA"
## TÍTULOS PUBLICADOS

1. Perversão — Flávio Carvalho Ferraz
2. Psicossomática — Rubens Marcelo Volich
3. Emergências Psiquiátricas — Alexandra Sterian
4. Borderline — Mauro Hegenberg
5. Depressão — Daniel Delouya
6. Paranoia — Renata Udler Cromberg
7. Psicopatia — Sidney Kiyoshi Shine
8. Problemáticas da Identidade Sexual — José Carlos Garcia
9. Anomia — Marilucia Melo Meireles
10. Distúrbios do Sono — Nayra Cesaro Penha Ganhito
11. Neurose Traumática — Myriam Uchitel
12. Autismo — Ana Elizabeth Cavalcanti / Paulina Schmidtbauer Rocha
13. Esquizofrenia — Alexandra Sterian
14. Morte — Maria Elisa Pessoa Labaki
15. Cena Incestuosa — Renata Udler Cromberg
16. Fobia — Aline Camargo Gurfinkel
17. Estresse — Maria Auxiliadora de A. C. Arantes / Maria José Femenias Vieira
18. Normopatia — Flávio Carvalho Ferraz
19. Hipocondria — Rubens Marcelo Volich
20. Epistemopatia — Daniel Delouya
21. Tatuagem e Marcas Corporais — Ana Costa
22. Corpo — Maria Helena Fernandes
23. Adoção — Gina Khafif Levinzon
24. Transtornos da Excreção — Marcia Porto Ferreira
25. Psicoterapia Breve — Mauro Hegenberg
26. Infertilidade e Reprodução Assistida — Marina Ribeiro
27. Histeria — Silvia Leonor Alonso / Mario Pablo Kuks
28. Ressentimento — Maria Rita Kehl
29. Demências — Delia Catullo Goldfarb
30. Violência — Maria Laurinda Ribeiro de Souza
31. Clínica da Exclusão — Maria Cristina Poli
32. Disfunções Sexuais — Cassandra Pereira França
33. Tempo e Ato na Perversão — Flávio Carvalho Ferraz
34. Transtornos Alimentares — Maria Helena Fernandes

| | |
|---|---|
| 35. Psicoterapia de Casal | Purificacion Barcia Gomes e Ieda Porchat |
| 36. Consultas Terapêuticas | Maria Ivone Accioly Lins |
| 37. Neurose Obsessiva | Rubia Delorenzo |
| 38. Adolescência | Tiago Corbisier Matheus |
| 39. Complexo de Édipo | Nora B. Susmanscky de Miguelez |
| 40. Trama do Olhar | Edilene Freire de Queiroz |
| 41. Desafios para a Técnica Psicanalítica | José Carlos Garcia |
| 42. Linguagens e Pensamento | Nelson da Silva Junior |
| 43. Término de Análise | Yeda Alcide Saigh |
| 44. Problemas de Linguagem | Maria Laura Wey Märtz |
| 45. Desamparo | Lucianne Sant'Anna de Menezes |
| 46. Transexualismo | Paulo Roberto Ceccarelli |
| 47. Narcisismo e Vínculos | Lucía Barbero Fuks |
| 48. Psicanálise da Família | Belinda Mandelbaum |
| 49. Clínica do Trabalho | Soraya Rodrigues Martins |
| 50. Transtornos de Pânico | Luciana Oliveira dos Santos |
| 51. Escritos Metapsicológicos e Clínicos | Ana Maria Sigal |
| 52. Famílias Monoparentais | Lisette Weissmann |
| 53. Neurose e Não Neurose | Marion Minerbo |
| 54. Amor e Fidelidade | Gisela Haddad |
| 55. Acontecimento e Linguagem | Alcimar Alves de Souza Lima |
| 56. Imitação | Paulo de Carvalho Ribeiro |
| 57. O Tempo, a Escuta, o Feminino | Silvia Leonor Alonso |
| 58. Crise Pseudoepiléptica | Berta Hoffmann Azevedo |
| 59. Violência e Masculinidade | Susana Muszkat |
| 60. Entrevistas Preliminares em Psicanálise | Fernando José Barbosa Rocha |
| 61. Ensaios Psicanalíticos | Flávio Carvalho Ferraz |
| 62. Adicções | Decio Gurfinkel |

Coleção Clínica Psicanalítica
*Dirigida por Flávio Carvalho Ferraz*

# INFERTILIDADE E REPRODUÇÃO ASSISTIDA
## Desejando filhos na família contemporânea

Marina Ribeiro

© 2004, 2012 Casapsi Livraria e Editora Ltda.
É proibida a reprodução total ou parcial desta publicação, para qualquer finalidade,
sem autorização por escrito dos editores.

**1ª Edição**
2004

**1ª Reimpressão**
2012

**Diretor Geral**
Ingo Bernd Güntert

**Editora-chefe**
Juliana de Villemor A. Güntert

**Gerente Editorial**
Marcio Coelho

**Coordenadora Editorial**
Luciana Vaz Carneira

**Assistente Editorial**
Maria Fernanda Moraes

**Diagramação**
Fabio Alves Melo

**Coordenador de Revisão**
Lucas Torrisi Gomediano

**Adaptação Ortográfica**
Rhamyra Toledo

**Projeto Gráfico da Capa**
Yvoty Macambira

**Dados Internacionais de Catalogação na Publicação (CIP)**
Angélica Ilacqua CRB-8/7057

Ribeiro, Marina Ferreira da Rosa
  Infertilidade e reprodução assistida: desejando filhos na família
contemporânea / Marina Ferreira da Rosa Ribeiro. -- São Paulo : Casa
do Psicólogo, 2012. – (Coleção clínica psicanalítica/dirigido por Flávio
Carvalho Ferraz)

1ª reimpressão da 1ª edição
ISBN 978-85-7396-342-7

1. Infertilidade – aspectos psicológicos 2. Psicanálise 3. Reprodução
humana assistida I. Título II. Ferraz, Flávio Carvalho III. Série

12-0077                                                                    CDD 155.6

**Índices para catálogo sistemático:**
1. Infertilidade – aspectos psicológicos 155.6
2. Reprodução assistida – aspectos psicológicos 155.6

**Impresso no Brasil**
Printed in Brazil

*As opiniões expressas neste livro, bem como seu conteúdo, são de responsabilidade de seus autores,
não necessariamente correspondendo ao ponto de vista da editora.*

Reservados todos os direitos de publicação em língua portuguesa à

Casapsi Livraria e Editora Ltda.
Rua Simão Álvares, 1020
Pinheiros • CEP 05417-020
São Paulo/SP – Brasil
Tel. Fax: (11) 3034-3600
www.casadopsicologo.com.br

*Ao Gianluca, com carinho.*
*A Beatrice e Giuliana, pelo imenso prazer em ser mãe.*
*Ao Paulo, meu marido, companheiro de tantos projetos...*

# AGRADECIMENTOS

Um texto é fruto da convergência de bons colaboradores; explicitá-los é reconhecer que estamos sempre em parceria, agradeço àqueles que fertilizarão minha trajetória.

À Prof. Dra. Maria Emília Lino da Silva, pelo carinho com que fui recebida, pelo respeito ao meu pensamento, pela confiança e consideração. Às Profas. Dras. Ana Maria Loffredo e Camila Pedral Sampaio, pelas contribuições feitas por ocasião do exame de qualificação. À Profa. Dra. Maria Beatriz Romano de Godoy, pela cuidadosa leitura e contribuições para que a dissertação fosse "sonhada" como um livro.

Aos colegas do mestrado pelo incentivo e colaboração em momentos difíceis, em especial: Malu Forjaz. Aos colegas do Departamento Formação em Psicanálise do Instituto Sedes Sapientiae, em especial ao grupo do NAAP (Núcleo de Atendimento e Assessoria em Psicanálise), e a Margarida Dupas.

Ao Prof. Dr. Paulo Eduardo Olmos, pela generosidade com que fui recebida. Ao Prof. Dr. Paulo Serafini, minha sempre gratidão. A Magaly Ignácio Thomé, pelo delicado e corajoso trabalho de rescaldo, minha gratidão. Aos pacientes, sem eles esse trabalho não seria possível.

Aos amigos, em especial a Maria Bernaddete Casali, que soube um pouco mais do que eu estava dizendo e a Miriam Cristina Basaglia Vasconcellos que recebe os casais inférteis no momento da adoção. Ao meu pai, pelos prazeres do intelecto, e à minha mãe, por ter sonhado que eu seria uma profissional.

# Canção da imortalidade

Os filhos que tive são adultos,
com filhos que também tiveram: sangue
e cílios,
jeito de andar, gesto
e gosto nesta vida estão nessas carnes que pari.

Através delas olham-me o amado morto, o pai morto,
a avó perdida, e o mistério de tudo
que sempre me assombrou. Rosa de espantos,
cata-vento de traços espalhados
como num milagre de multiplicação,
cheio de surpresas: porque ali
naquele olho azul me vejo, naquela fina mão te vejo,
amado meu, como eles se verão futuramente
quando nós formos apenas sombra
na memória.

Lya Luft, *Secreta mirada*
Ed. Mandarim, São Paulo
© *by* Lya Luft

# SUMÁRIO

PREFÁCIO SOB O VÉRTICE DA PSICANÁLISE
  POR MARIA BEATRIZ ROMANO DE GODOY ............................................. 15

PREFÁCIO SOB O VÉRTICE DA MEDICINA
  POR PAULO SERAFINI ...................................................................... 19

APRESENTAÇÃO ............................................................................. 21

INTRODUÇÃO ................................................................................ 25

1 - A INFERTILIDADE NA LITERATURA PSICANALÍTICA ............................... 45

2 - SOBRE O DESEJO DE TER UM FILHO .................................................. 59
  O desejo narcísico de imortalidade do Eu ............................... 61
  O filho da fantasia ............................................................. 72
  O filho edípico .................................................................. 75
  Os bebês imaginários .......................................................... 81

3 - CONSIDERAÇÕES SOBRE A INFERTILIDADE ........................................ 89
  Infertilidade psicogênica: controvérsias contemporâneas ............ 89
  Infertilidade: experiência potencialmente traumática? ............... 95
  Identidade de gênero e infertilidade ..................................... 100

4 - ALGUNS DESAFIOS TÉCNICOS NO ATENDIMENTO DE CASAIS INFÉRTEIS ..... 105

# 14            Coleção "Clínica Psicanalítica"

5 - Ilustrações clínicas ...................................................................113
    Armando e Neuza, um buquê de rosas vermelhas ....................113
    Francisco e Cristina, os bebês roubados .....................................121
    Eduardo e Irene, adotar verbo transitivo....................................125
    Rodrigo e Margarida, o filho divino............................................128
    Maurício e Bete, o filho como continuidade e
    reparação narcísica ....................................................................131

6 - Considerações finais..................................................................135
    Comentários ao processo, rumo à finalização..............................135
    Reflexões finais ..........................................................................144

Referências Bibliográficas..............................................................149

# Prefácio sob o vértice da psicanálise

Este é um texto muito agradável de se ler: o leitor vai se sentindo conduzido pelos pensamentos da autora, pelas suas perguntas e suas inquietações. Há momentos poéticos no seu discurso que explicitam sua sensibilidade e o acompanhamento que realizou com os pacientes que participaram desta pesquisa.

É possível, também, acompanhar e vislumbrar a importância de um psicanalista fazer um trabalho extramuros, e refletir sobre um tema tão atual que pode trazer tantos desdobramentos. Vivemos em uma época que desafia o psicanalista a sair do seu lugar "atrás do divã", para participar, como um elemento fundamental, dos movimentos que a ciência, a tecnologia e as transformações sociais impõem. Cabe a ele colaborar para expandir a capacidade pensante, tanto da ciência como da sociedade, ajudando a esclarecer que fenômenos psíquicos atuam interpsiquicamente e intrapsiquicamente, que questões estão implicadas, que ética pode estar servindo de baliza para conseguir mudanças, progresso.

Este tema é realmente atual, criativo e original e demanda um olhar atento do psicanalista. Ele focaliza "aquelas coisas tão antigas e tão contemporâneas" para a psicanálise: a sexualidade e o inconsciente, o narcisismo, as relações objetais, a fertilidade, a continência, a fertilidade psíquica, a frustração, a falta, o sofrimento e a dor, a constituição psíquica de vínculos, etc. Põe em relevo equívocos, tanto dos pacientes observados como dos profissionais envolvidos (médicos) e o desamparo e/ou desencontros que acarretam.

Um exemplo disto é quando a autora aborda a importante diferença entre levantar quais as causas psíquicas da infertilidade e a observação de fatores envolvidos nesse processo, como "núcleos psíquicos reativados e estimulados pela experiência da infertilidade". Esta mudança de vértice permite abrir espaço para o pensar e não para o culpabilizar a mente (rever sentido) e indiretamente o paciente, pelos fracassos ocorridos. Especialmente, porque conflitos inconscientes com a sexualidade, afetos ambivalentes diante da maternidade, conflitos edípicos não elaborados, conflitos quanto à identidade de gênero, não são prerrogativas dos casais com problemas de infertilidade.

Abre caminho também para uma compreensão mais plástica, dinâmica do funcionamento da mente, chama atenção para a multiplicidade de elementos e complexidade envolvidos. Abre espaço para a *rêverie*, para a importância de se ter e/ou ser continente.

A meu ver esta é a questão central do trabalho. É, também, o que entendo ser a função do psicanalista extramuros: não só ser capaz de observar bem o que se passa com uma "situação-cliente", conhecer profundamente a teoria psicanalítica, mas perceber que ao ter esse olhar e essa escuta precisará exercer a continência e a *rêverie*.

Um desafio, uma tarefa não muito fácil de realizar, ainda mais em situações que envolvem crise, nas quais, como a autora mesma salienta: "O funcionamento psíquico tende a se tornar mais rijo e rígido, as defesas menos efetivas e os recursos para lidar com a situação, o sofrimento e a dor psíquica, muito mais pobres". Onde os aspectos narcísicos transbordam e a magia onipotente tenta transformar a vida numa história da carochinha, sem levar em conta os limites físicos e psíquicos de cada um dos envolvidos: homem, mulher e médico, para conhecer o término e a moral da história. Como lidar com essa realização negativa, onde a frustração barra a certeza quanto ao fim da história, ao que eu sou, ao que o outro é?

Termino, considerando, que este trabalho acrescenta aos estudos que vêm sendo desenvolvidos sobre o assunto, a importância de se ampliar, especialmente, o papel da continência e da *rêverie* no acompanhamento desses casais e seus médicos, pois qualquer que seja o caminho, inseminação, proveta, adoção há a necessidade de cada um se haver com a própria história, com as próprias expectativas, com os próprios sonhos, com as próprias impossibilidades, para que o filho possível – esse que a vida efetivamente torna real – "encontre um lugar de pertencimento e não de estranheza". E, mesmo que se acompanhem poucos sujeitos, poderá valer a pena!

*Maria Beatriz Romano de Godoy*

# Prefácio sob o vértice da medicina

Este livro constrói de forma sensível e inteligente um importante elo entre duas áreas sumamente importantes ligadas à reprodução assistida: psicologia/psicanálise e medicina.

Há algumas décadas, a adoção era prática comum dos casais que não podiam ter filhos. Normalmente, não havia sequer uma investigação dos motivos que levavam à infertilidade. As pessoas simplesmente se conformavam com o fato de não gerar e quando o desejo de ter uma família era mais forte, os casais partiam para a adoção.

O avanço da tecnologia mudou radicalmente a questão da infertilidade. Por um lado – independente das razões que possam levar um casal à infertilidade – hoje é possível recorrer à medicina e às técnicas de reprodução assistida que ela compreende. Por outro, a vida moderna traz impedimentos aos casais que não têm quaisquer problemas físicos para ser pais. O adiamento da maternidade em virtude da carreira é uma das razões da dificuldade de gestação. Outro fator – também associado aos tempos modernos – é o desejo e a possibilidade de uma nova família após um casamento desfeito. Nas mesmas décadas em que as pessoas se conformavam com a adoção, resignavam-se também a ser padrastos e madrastas do filho do cônjuge.

O livro de Marina Ribeiro mostra o processo de desnudamento do casal diante dos profissionais que o estão ajudando a superar esta limitação e a relação que se estabelece neste momento. Entretanto, o que mais chama a atenção é o fato de Marina se aprofundar de forma brilhante em um aspecto pouco explorado do universo dos casais inférteis – mesmo por profissionais de sua área de atuação. O que leva uma pessoa a querer ter filhos? A abordagem é interessante porque, respondendo a esta pergunta, fica mais fácil lidar com a dor, frustração e angústia de não poder realizar o sonho de ter um filho biológico. Além disso, é levado em conta outro aspecto: quando aparentemente a mulher quer ter filhos, mas inconscientemente carrega traumas que dificultam este acontecimento.

Nas histórias relatadas, é possível acompanhar a evolução do casal diante da infertilidade. Aos poucos, eles vão descobrindo o verdadeiro porquê de quererem ter filhos. E, muitas vezes, a mulher vai se apercebendo das razões profundas de não querer ter este filho.

O amadurecimento é gradativo e balsâmico. A angústia do princípio transforma-se em entendimento e possibilita a estes casais lidar melhor com sua infertilidade, com o filho que vão ter ou com o filho que não vão ter.

*Paulo Serafini*

# Apresentação

Assim como os filhos são aqueles que se tornaram possíveis durante uma trajetória de vida, um texto insere-se dentro de um campo temporal e finito, restrito aos limites impostos pela realidade. É uma árdua tarefa – diria até um ato de ousadia – considerar que um texto está pronto. Sob o aspecto formal, sempre há vírgulas, pontos, etc. que poderiam dar um compasso melhor à leitura. Sob o conteúdo, sempre há mais a dizer, ou de forma mais clara. Os assuntos que não foram abordados, os casos clínicos que não foram referidos, os conceitos que constantemente são realojados, enfim, seria um livro impublicável no espaço de tempo de uma vida. Portanto, apresento aos leitores o texto que foi possível conceber, gestar e dar à publicação.

A tecnologia vem ocupando espaços em nossa vida em uma velocidade cada vez mais estonteante. A tecnologia de reprodução humana entrou na intimidade dos laços familiares e da sexualidade dos casais, gerando novas e inéditas constituições parentais. Ocupando um lugar no qual seria imprudente deixar de reconhecer seu impacto, relegá-la a preconceitos ou referi-la a uma minoria da população.

A concepção medicamente assistida vem trazendo situações inéditas para o psiquismo: uma nova forma de ser concebido e novas formas de filiação. Acontecimentos que estão desafiando nossa capacidade de representação e que se inserem em um campo psíquico carregado de significações inconscientes.

Este texto é um convite para uma visão intimista do que ocorre nesse encontro/desencontro da tecnologia, dos profissionais habilitados ao seu uso e dos pacientes que explicitam o desejo por um filho. Tive como focos de observação clínica a experiência psíquica do sujeito no eixo fertilidade/infertilidade e sua interface com a tecnologia de reprodução humana.

Utilizei-me da obra de Freud e Melanie Klein, além de autores contemporâneos como André Green e Joyce McDougall, para compreender, em termos teóricos, a importância narcísica de conceber um bebê; e a origem e o destino do desejo de ter um filho no psiquismo. Os textos psicanalíticos contemporâneos sobre infertilidade introduzem o leitor nesse campo de compreensão e revelam como a psicanálise tem se debruçado sobre essas questões.

Considero central nesse trabalho a proposta de uma mudança de vértice na compreensão do conceito de infertilidade psicogênica, ou seja, os fatores psíquicos identificados como causa da infertilidade – conflitos inconscientes ligados à sexualidade, afetos ambivalentes em relação à maternidade, conflitos edípicos não elaborados e conflitos ligados à identidade de gênero – passam a ser compreendidos como núcleos psíquicos estimulados/reativados na experiência da infertilidade. Tendo como consequência clínica a continência das angústias suscitadas pela experiência da infertilidade e não uma postura investigativa, e, portanto, restrita do analista quanto à possível causalidade psíquica da infertilidade.

Constatei que a experiência da infertilidade tem um potencial traumático considerável, promovendo uma verdadeira devastação emocional na vida dos casais. Tal potencial deve-se ao fato de o desejo de ter um filho se originar e permanecer vinculado, no inconsciente, a questões da sexualidade infantil e suas feridas narcísicas.

Apresento no fim do texto algumas reflexões clínicas sobre uma série de entrevistas feitas com casais, em um Ambulatório de Reprodução Humana, que estavam em processo de reprodução assistida. Verifico como o filho fantasiado desde a primeira infância e atualizado na vida adulta torna-se, na experiência da infertilidade, um filho hiperinvestido, hiperlibidinizado, ou seja, há uma intensificação do desejo por um filho.

Considero importante salientar que toda e qualquer tecnologia está sujeita a usos perversos, ou seja, a tecnologia de reprodução humana não é uma exceção; pelo contrário, é uma área que, por tocar em um tecido psíquico carregado de fantasias inconscientes, se oferece a desvios de uso.

Enfim, penso ser este um texto fértil para todos aqueles profissionais e pacientes que têm ou tiveram contato com a experiência da infertilidade.

Boa leitura!

*Marina Ribeiro*
Março de 2004.

# Introdução

*A infertilidade é tão antiga como a humanidade.*
*Hoje, estão as técnicas de reprodução assistida, no limite do que nos é*
*contemporâneo; é entre o muito antigo e o contemporâneo que percorrerei*
*minha trajetória. Alguma semelhança com o inconsciente...*
**(Texto da autora)**

Como se sabe, com o advento dos métodos contraceptivos em meados do século XX, uma verdadeira revolução nos papéis sociais feminino e masculino acelera-se. A mulher torna-se atuante profissionalmente, gerando mudanças no contexto familiar. O dinheiro já não se origina de uma única fonte – a capacidade de trabalho masculina. A mulher passa a revelar seu desejo de realização profissional e sua vontade de também ser financeiramente provedora das necessidades familiares. Isso exigiu reformulação das funções masculinas e femininas, ou seja, a família passa a ser, de forma mais evidente, um elemento vivo e, como tal, em constantes mudanças e com necessidades de adaptações. No fim do século XX e início do século XXI, as mudanças estão ocorrendo em proporções surpreendentes, não apenas no núcleo familiar, mas em todas as áreas do conhecimento e do existir humano.

Atualmente, muitas famílias estão sendo sustentadas financeiramente pela mulher; outras, são constituídas apenas por mães e filhos ou pais e filhos – chamadas de famílias uniparentais, ou seja, novas constituições familiares surgem. Os homens, hoje, esperam que as mulheres também desempenhem bem suas funções profissionais e colaborem com o orçamento doméstico. As mulheres, por sua vez, esperam de seus parceiros uma atitude mais feminina no que diz respeito às tarefas domésticas e ao cuidado com os filhos.

Em termos jurídicos, há menos de vinte anos, quase todos os casamentos tinham como regime de bens a comunhão total. Atualmente, se um casal deseja ter esse regime de bens é necessário lavrar um documento à parte. O regime de bens amplamente aceito é a comunhão parcial, o que era um verdadeiro escândalo há duas décadas. Recentemente, a lei também permitiu às mulheres optar por usar, ou não, o sobrenome do marido. E alguns casamentos estão se constituindo por contratos particulares, segundo o interesse e a necessidade das partes. Essas mudanças no Código Civil refletem o esforço de adaptação ao núcleo familiar contemporâneo, maior liberdade nas relações entre homens e mulheres, consequentemente uma pluralidade nos contratos matrimoniais. No esteio dessas mudanças, vários casais optam por ter filhos em idade mais avançada. Os motivos dessa escolha são vários e pretendo, aqui, apresentar alguns.

A expectativa de vida ampliou-se e tende a continuar se ampliando; estamos vivendo mais anos do que as gerações anteriores. As exigências profissionais, cada vez mais espartanas, demandam uma dedicação maior de tempo para o trabalho. Associado a essas exigências é cada vez mais difícil e demorado um casal atingir uma situação financeira relativamente estável. Além disso, tanto homens como mulheres esperam do relacionamento conjugal maior satisfação. Não se sentem mais aprisionados em um casamento independentemente da qualidade do relacionamento. Como consequência dessa demanda por qualidade, são socialmente aceitas as tentativas de conquistar um bom relacionamento – uma vez, duas, três ou até mais. Com a ampliação da expectativa de vida, alguns casais optam por aproveitar situações que não seriam possíveis ou se complicariam na presença de filhos – viagens turísticas, mestrado e doutorado no exterior, trabalho em empresas multinacionais, etc.

Com as mudanças que ocorreram no núcleo familiar, é cada vez mais rara a figura da avó ou avô que colaboram nos cuidados com os netos, o que também pode ser um fator que contribui para que determinado casal faça a opção de ter filhos em idade avançada. Considero de idade avançada aqueles que optam por ter filhos após os 35 anos, ou seja, faço uso do critério médico. Há vinte anos, os casamentos, em média, ocorriam na faixa etária dos 20 aos 30 anos; hoje, os casamentos tendem a ocorrer mais tarde. Cada vez mais pessoas casam-se após os 30 anos, principalmente nos grandes centros. Existem também os casos em que, tendo o primeiro casamento malogrado, a opção por um segundo geralmente ocorre em idade mais avançada.

Um conjunto de fatores, específico a cada casal, pode resultar na decisão de ter filhos após os 35 anos. Esse fato tem sido considerado uma das principais causas no aumento de casais inférteis. Grande parte dos que procuram uma concepção medicamente assistida, principalmente nas clínicas particulares, tem em média mais de 35 anos; e 30% das pacientes têm mais de 40 anos[1].

Há alguns anos, a medicina considerava que mulheres de 30 anos eram grávidas em idade avançada. Hoje, sabe-se que a capacidade conceptiva da mulher começa a declinar de forma mais acentuada após os 35 anos de idade. A expectativa de gravidez aos 40 anos é de 22%, aos 42 anos é de 12% e aos 44 anos é de 6%[2]. Os homens não estão sujeitos ao mesmo limite biológico. Existem, porém, parâmetros, como vitalidade, para criar um filho concebido após os 40 ou 50 anos. Mulheres e homens em idade mais avançada já tiveram maior probabilidade de exposição a doenças sexualmente transmissíveis, ou outras doenças, como a endometriose[3] nas mulheres. Fatores como o cigarro, o álcool, agrotóxicos, cafeína, também podem colaborar com a infecundidade. Todos esses fatores contribuem com o aumento de casais inférteis na atualidade. Muitos buscam o auxílio da nova tecnologia de reprodução humana para realizar o desejo de conceber um filho.

---

[1] Dados obtidos na I Jornada Internacional de Reprodução Assistida. São Paulo, março de 2001.

[2] Idem.

[3] A endometriose pode causar sérios danos à capacidade reprodutiva.

Com as mudanças no contexto familiar, a medicina de reprodução humana avançou muito em suas técnicas. O primeiro bebê de proveta, concebido em um laboratório na Inglaterra em 1978, foi um marco histórico em um campo da Ciência que surpreende em seus avanços. Vinte anos depois desse fato, o bebê de proveta é uma realidade para um número cada vez maior de casais com problemas de fertilidade. Em palestra proferida pelo Dr. Peter Brinsdem[4] – um dos médicos responsáveis pelo primeiro bebê de proveta em 1978 (Louise Brown) – é levantada a questão: será que, no futuro, reprodução e sexo serão desvinculados? No término da palestra, Dr. Peter mostra uma foto de Louise Brown sendo mãe aos 23 anos pelo processo natural.

O que penso estar implicado nessa notícia, apresentada como uma boa notícia, é que a reprodução humana voltou a ser consequência de um ato sexual. Louise, mesmo tendo sido concebida fora de uma relação sexual, pôde conceber naturalmente. O fato de ter sido o primeiro bebê de proveta tornou público, mundialmente, uma singularidade da sua concepção: aquilo que costuma ser privado tornou-se público, o que, talvez, possa ter gerado dúvida quanto à sua capacidade reprodutiva. Podemos suspeitar, também, que os médicos se preocuparam quanto ao método de proveta afetar a fertilidade de uma criança gerada dessa maneira. O fato de Louise ter sido concebida em laboratório pode ter levantado dúvidas, em termos psíquicos,

---

[4] Dados obtidos na I Jornada Internacional de Reprodução Assistida. São Paulo, março de 2001.

quanto à sua capacidade de reproduzir-se naturalmente. Parece ser um alívio, digno de ser noticiado em uma Jornada Internacional, que, no caso de Louise, o ciclo da vida tenha voltado a seu estado natural. A técnica de reprodução assistida não contribuiu para um efeito iatrogênico[5], no que tange a aspectos físicos e psíquicos da situação vivida por ela.

Hoje, as técnicas de reprodução assistida são várias; vão das mais simples às mais complexas. Na ordem de complexidade, temos a inseminação artificial que é considerada a mais simples; em segundo lugar, a fertilização *in vitro*, associada ou não a outras técnicas mais recentes e sofisticadas. A inseminação artificial consiste em:

> [...] introduzir espermatozóides previamente preparados em laboratório dentro da cavidade uterina após uma indução de ovulação da paciente com o intuito de aumentar o número de óvulos e também determinar o momento da ovulação através de medicamento[6].

---

[5] *"Illich denomina iatrogênese em sentido amplo os efeitos indesejados sobre a saúde produzidos pela empresa médica, não só pelo impacto direto, mas também pelas transformações provocadas em nível social e simbólico".* In: TUBERT (1996). *Mulheres sem sombra, maternidade e novas tecnologias reprodutivas*, p. 35.

[6] OLMOS, P. *Projeto para implantação de laboratório de fertilização in vitro no hospital.* São Paulo, 2002. Não publicado.

Durante muitas décadas este foi o único método disponível para tratar doentes de infertilidade, com uma taxa de gravidez nos casos mais otimistas em aproximadamente 25% em quatro tentativas[7].

Os casais que optam por métodos de concepção medicamente assistida podem experienciar uma verdadeira revolução em suas vidas. A mais imediata é o fato de que uma equipe médica começa a fazer parte da intimidade do casal, e também a determinar quando deverão ou não ocorrer as relações sexuais. Nos métodos de reprodução assistida, como a inseminação artificial e a fertilização *in vitro*, a concepção deixa de ser consequência de uma relação sexual. Acontece a três – o marido, a esposa e o médico e/ou sua equipe. A "transferência"[8] com o médico torna-se mais complexa, afinal ele começa a fazer parte da origem do futuro bebê. Esse contexto foi denominado por Melgar (1995) como cena primária[9] tecnológica:

---

[7] DAWOOD, M. In vitro fertilization, gamete intrafallopian transfer, and sperovulation with intrauterine insemiation: efficacy and potencial health hazards on babies delivered. *Am. J. Obstet. Gynecol.*, v. 174, p. 1208-1217, 1996.

[8] *"Designa em psicanálise o processo pelo qual os desejos inconscientes se atualizam sobre determinados objetos no quadro de um certo tipo de relação estabelecida com eles"*. In: LAPLANCHE; PONTALIS (1992), *Vocabulário da psicanálise*, p. 514.

[9] *"Cena de relação sexual entre os pais, observada ou suposta segundo determinados índices e fantasiada pela criança"*. In: LAPLANCHE; PONTALIS (1992) *Vocabulário da psicanálise*, p. 62.

A percepção e o conhecimento de um fazedor externo de vida, de uma cena primária tecnológica e de um ato de engendramento que acontece no exterior do corpo, é algo inédito, mutativo, quiçá revolucionário. Em todo caso, é uma nova abertura ao desconhecido, outro interrogante à cena primária[10].

Segundo Lester (1995)[11], o papel simbólico do médico na reprodução assistida é algo que necessita de uma cuidadosa exploração. Portanto, podemos perceber que os métodos de concepção medicamente assistida se inserem dentro de uma complexidade psíquica, que demanda não somente a presença técnica de um psicólogo e/ou psicanalista em uma equipe multidisciplinar, mas também pesquisas que abordem essa questão. A concepção medicamente assistida traz novas variáveis psíquicas para uma questão primordial ao ser humano – a capacidade de reproduzir-se e dar continuidade à cadeia de gerações. Os avanços da ciência têm efeito sobre a realidade psíquica, podendo promover novas representações e/ou dando contornos de realidade ao mundo fantasmático. A medicina de reprodução humana talvez seja uma das áreas que mais tenha

---

[10] "La percepcion y el conocimiento de un hacedor externo de vida, de una escena primaria tecnológica y de un acto de engendramiento que sucede en el exterior del corpo, es algo inédito, revulsivo, quizá revolucionário. En todo caso, es una nueva apertura a lo desconocido, outro interrogante a la escena primaria". MELGAR, M. C. "Procreación asistida (natural-artificial) en la cultura contemporánea", In: Revista de Psicoanalisis, 1995.

[11] LESTER, E. P. A surrogate carries a fertilised ovum: multiple crossings in ego boundaries. Int. J. Psycho-Anal., v. 76, n. 2, p. 325-334, 1995.

tido progressos técnicos, e tais avanços geralmente vêm acompanhados de polêmicas éticas e humanitárias, justamente por pertencerem a um campo psíquico de fundamental importância para o ser humano.

A realização narcísica de transmitir a herança genética para futuras gerações parece ser uma das representações presentes na concepção. O desejo de conceber pode ter significados históricos e atuais para o casal – "... *uma nova vida nunca está livre de antigas inscrições...*"[12] psíquicas do significado da concepção de um novo ser e da sucessão das gerações. O desejo de ter um filho e a compreensão que temos da sucessão das gerações é algo carregado de significados inconscientes extremamente importantes para o nosso senso de identidade. Essas inscrições psíquicas são marcas da primeira infância, permanecendo no inconsciente que tem como característica ser atemporal. Tais inscrições podem ser atualizadas e, às vezes, potencializadas pelos procedimentos em reprodução assistida, dificultando a concepção psíquica de uma nova vida ou, talvez, tornando-a traumática. Apesar da sofisticação da técnica, a taxa de gravidez por tentativa é baixa. Em termos psíquicos, isso significa considerar uma intensificação das expectativas e frustrações em relação à concepção de um bebê tão desejado pelos casais.

As tentativas de realização do desejo de conceber um filho podem trazer momentos de intensas emoções na vida do casal, pois tal desejo se insere dentro de um campo psíquico carregado

---

[12] ABELIN-SAS, G. (1992) To mother or not to mother: abortion and its challenges. *Journal of Clinical Psychoanalysis.*

de significações inconscientes. Quando o desejo de procriação não se realiza naturalmente e a intervenção de um médico, ou de uma equipe médica, se faz necessária, uma série de sentimentos pode eclodir – frustração, impotência, inferioridade diante dos outros, raiva, tristeza... É possível que a concepção vivida dessa maneira intensifique a constelação emocional dos conteúdos psíquicos vinculados ao desejo de conceber um filho.

As novas técnicas de reprodução assistida podem estimular ou dar concretude a vários tipos de fantasias. O "romance familiar"[13] (Freud, 1909 [1908]) pode passar a ter contornos de realidade[14]. O ato sexual deixa de ser o elo de entre as gerações: a tecnologia toma seu lugar. Questões ligadas à filiação tornam-se complexas: uma criança pode ser concebida a partir da doação de esperma e/ou óvulos; ter a herança genética de três pessoas; ser gerada por um parente próximo ou por um desconhecido; ser filho de uma mãe solteira ou de uma dupla homossexual. Podemos falar em novas figuras parentais e novos modos de filiação. Na história da humanidade, isso é inédito, sendo um campo vasto de investigação para a Psicanálise.

Renato Mezan (2002) denomina a expansão de teses psicanalíticas, para diferentes campos de atuação, como teses de

---

[13] *"Expressão criada por Freud para designar fantasias pelas quais o sujeito modifica imaginariamente os seus laços com os pais (imaginando, por exemplo, que é uma criança abandonada). Essas fantasias têm o seu fundamento no complexo de Édipo".* In: LAPLANCHE; PONTALIS (1992), *Vocabulário da psicanálise*, p. 464.

[14] *"Se destaca que conflictos psíquicos vinculados con la identidad y la filiación suelen apoyarse en representaciones inconscientes de la novela familiar movilizadas por la tecnología y en las fantasías realizadas en el mundo externo".* MELGAR, M. C. (1995). *Procreación asistida (natural-artificial) en la cultura contemporánea.*

psicanálise extramuros[15]. Os muros seriam os limites do consultório do psicanalista. Mezan refere-se, entre outros, àqueles psicanalistas que trabalham em equipe multidisciplinar. O profissional que se propõe a trabalhar fora do consultório expõe-se a muitas demandas e questionamentos. Essa experiência pode enriquecer seu trabalho clínico, expandir as possibilidade de intervenção e colocá-lo em posição de maior participação na sociedade.

A função do psicanalista numa equipe multidisciplinar que opera em âmbito institucional pode não ser idêntica à sua atividade no consultório, mas guarda com esta relações bastante estreitas: é no fundo a mesma escuta, o mesmo contato direto com o sofrimento psíquico, materializado em pessoas de carne e osso com seus sintomas, defesas, fantasias e transferências. Se não cabe aqui o emprego setting clássico, nem por isso deixa de ser indispensável o uso criterioso da sensibilidade clínica, que se concretiza numa intervenção calculada para modificar as relações dinâmicas que organizam uma dada situação[16]...

A ideia de investigar a interface "Psicanálise, fertilidade/infertilidade e tecnologia de reprodução humana" originou-se no

---

[15] Psicanálise extramuros ou exportada é um nome dado por Jean Laplanche (1992) à psicanálise ex-tratamento; casos como o de Schreber e o de Leonardo estão nessa categoria.

[16] MEZAN, R. (2002). *Interfaces da psicanálise*, p. 419.

atendimento clínico de alguns pacientes, que estavam passando e/ou tinham passado pela experiência da infertilidade e tinham buscado tratamentos em clínicas de reprodução assistida. Em clínicas particulares e em hospitais públicos, que têm o serviço de reprodução humana, a presença do psicólogo – não necessariamente de um psicanalista – tem se tornado relativamente comum, existindo solicitação dos profissionais médicos para que o profissional da área de saúde mental esteja presente.

No congresso da *International Psychoanalytical Association* em São Francisco (EUA), 1995[17], na mesa-redonda sobre as novas técnicas de reprodução humana, sob uma perspectiva psicanalítica, Springer-Kremser e Jesse concluíram que essas técnicas merecem investigação analítica mais detalhada, e que o tema será foco de muitas discussões e debates nos próximos anos. Em recente artigo do *International Journal of Psychoanalysis* (2002)[18], as autoras relatam que o atendimento a esses casos traz novos desafios; complexos dilemas para pacientes e analistas. Sugerem que não devemos nos precipitar em achar respostas simples para questões tão complexas, apresentadas à dupla analítica pela experiência da infertilidade. Para essas autoras, é o momento de questionarmos o termo "infertilidade psicogênica", que, em muito, a psicanálise contribuiu para a existência. Existem múltiplas causas de infertilidade

---

[17] SPRINGER-KREMSER, M.; JESSE, S. S. (1995). *"Panel report: infertility, surrogacy and the new reproductive techniques: psychoanalytic perspectives"*.

[18] APFEL, R. J.; KEYLOR, R.G. (2002). *Psychoanalysis and infertility: myths and realities*. p. 83, 85.

no espectro psicológico/fisiológico. Ainda sabemos pouco sobre a interação mente-corpo, ou seja, não há causalidade psicodinâmica simples. As autoras também apontam para a necessidade de pesquisas com pacientes que estão passando pela experiência da infertilidade, pois pouco sabemos sobre o sofrimento dessas pessoas.

Voltando para um espectro mais amplo do tema, podemos pensar que, assim como os métodos contraceptivos foram o baluarte de uma revolução nas relações humanas e na constituição da família nos anos sessenta, atualmente os métodos conceptivos parecem estar ocupando esse lugar. E ambos – métodos contraceptivos e conceptivos – podem ser compreendidos como métodos que podem desvincular, em termos simbólicos, sexualidade de reprodução. Mas será que de fato desvinculam? Poderíamos dizer que sexo e reprodução estariam desvinculados, no que tange à consciência, porém no inconsciente permanecem associados. Nas técnicas de reprodução assistida, a concepção pode ocorrer fora do ato sexual, favorecendo que as referências simbólicas de sexo e reprodução se desvinculem. Utilizando-se a ideia de sexualidade (e não sexo), no sentido psicanalítico, compreendemos que:

> Na experiência e na teoria psicanalíticas, "sexualidade" não designa apenas as atividades e o prazer que dependem do funcionamento do aparelho genital, mas toda uma série de excitações e de atividades presentes desde a infância que proporcionam um prazer irredutível à satisfação de uma

necessidade fisiológica fundamental (respiração, fome, função de excreção, etc.), e que se encontram a título de componentes na chamada forma normal do amor sexual[19].

Dessa forma, torna-se difícil pensar, ou impossível, a partir da experiência emocional vivida – inconsciente – o desejo de ter um filho desvinculado da sexualidade. Essa questão será retomada ao longo do texto.

Com os métodos contraceptivos, a mulher passou a escolher quando ser mãe; com os métodos conceptivos, essa escolha pôde ser postergada até uma idade mais avançada. Os métodos de concepção tornam a realização do desejo de maternidade e paternidade possível para a maioria dos casais com dificuldades para conceber. É uma possibilidade técnica, pois parte dos casos que chegam ao consultório do psicanalista são aqueles em que a técnica fracassa. Mesmo para os casais que obtêm sucesso, concebendo um filho por meio de técnicas de reprodução assistida, o processo pode gerar sofrimento psíquico. Conceber um filho assim, provavelmente, marca a história do casal e a história do futuro bebê. Essas questões devem ser consideradas cuidadosamente, e o impacto dessa situação, que não sabemos ao certo qual, pode ser transmitido pela cadeia de gerações.

A infertilidade, em ambos os sexos, pode promover violenta pressão na estrutura psíquica. A literatura tem privilegiado a descrição do impacto emocional da infertilidade,

---

[19] LAPLANCHE; PONTALIS (1992). *Vocabulário da psicanálise.* p. 476.

principalmente nas mulheres: "[...] Tomada como um todo, a literatura descritiva apresenta a infertilidade como uma experiência devastadora, especialmente para as mulheres"[20]. A infertilidade talvez tenha um impacto considerável nas mulheres, pelo grau de importância que a realização da maternidade pode ter em seu psiquismo. Não poder gerar filhos pode ser uma ferida narcísica e um forte abalo nos referenciais identificatórios da mulher; a maternidade pode ser mais um elo na construção da identidade feminina. Provavelmente, pelas diferenças na constituição da identidade de gênero, a experiência da infertilidade pode ser realmente diferente para mulheres e homens:

> [...] a mulher que não pode satisfazer desejos exigentes de dar vida experimenta a infertilidade como uma perda vital para sua economia narcisista, como uma falta e uma ausência intoleráveis. Revive perdas, fracassos e antigas feridas narcísicas, ressignificando em um sentido depressivo ou persecutório a conflitiva pré-edípica[21]...

---

[20] JACOB, L. S. (2000). *Stress e ansiedade em casais submetidos à reprodução assistida.* Tese de Doutorado. Instituto de Psicologia da Universidade de São Paulo.

[21] *"que la mujer que no puede satisfacer deseos exigentes de dar vida experimenta la infertilidad como una pérdida vital para su economía narcisista, como una falta y una ausencia intolerables. Revive pérdidas, fracasos y antiguas heridas narcisistas, resignificando en un sentido depresivo o persecutorio la conflictiva preedípica".* In: MELGAR, M. C. (1995). *Procreación asistida (natural-artificial) en la cultura contemporánea.* Tradução livre.

Pode-se pensar que a infertilidade seja um problema restrito a um pequeno grupo social de pessoas, pertencentes às classes média e alta, pelo alto custo financeiro dos tratamentos, mas os poucos hospitais públicos que oferecem o serviço estão abarrotados de pacientes e com enormes filas de espera. O Ambulatório de Reprodução Humana, no qual foi feita esta pesquisa, atende 350 casais novos por ano. A infertilidade/esterilidade[22] é definida como:

> A definição da infertilidade, enquanto um caso que merece atenção médica, aplica-se a casais que tentaram engravidar e não conseguiram durante determinado período. Para aqueles que são jovens, têm relações sexuais freqüentes e não usam nenhum método anticoncepcional, esse período é de dois anos. Durante esses dois anos, o casal está dentro da margem de sub-fertilidade, a qual, em muitos casos, pode ser

---

[22] Cabe aqui esclarecer o uso dos termos "esterilidade" e "infertilidade". Em termos médicos, aqui no Brasil, define-se esterilidade conjugal como a incapacidade de conceber filhos após dois anos de relacionamento sexual sem o uso de anticoncepcionais, anteriormente mencionado. A esterilidade na literatura médica é classificada como primária ou secundária. A esterilidade primária é um termo designado àqueles que nunca conceberam filhos. A esterilidade secundária, àqueles que conceberam no passado, mas, no momento, encontram-se impossibilitados de conceber novamente. O termo "infertilidade" é usado para àqueles casais que não conseguem levar uma gestação a termo. No dicionário Aurélio, esterilidade é *"a qualidade de estéril; infecundidade [...] Incapacidade de conceber, por parte da mulher, ou de induzir a concepção, por parte do homem. Opõe-se a fecundidade"*. E "infértil' significa *"estéril, infecundo"*. In: FERREIRA (1999) *Dicionário da Língua Portuguesa*; p. 864 e 1.108. A língua portuguesa, segundo o dicionário Aurélio, compreende esses termos como sinônimos. Dessa forma, acompanhando o dicionário, ou seja, fazendo um uso coloquial, estarei usando os termos "infertilidade" e "esterilidade" como sinônimos.

resolvida com tratamentos clínicos simples ou mesmo com novas tentativas. Após dois anos de tentativas freqüentes e frustradas, o casal necessita de alguma espécie de tratamento e deve procurar ajuda médica[23].

Atualmente, de cada dez casais, um enfrenta dificuldades para ter filhos[24].

A infertilidade tende a ser um sofrimento silencioso: os casais que passam por essa situação podem experienciá-la como algo que os inferioriza diante dos outros, fato que pode ser decorrente de várias áreas de conflito psíquico (apenas esboçadas nesta introdução e desenvolvidas ao longo do texto). Pode ser uma reedição ou reativação do complexo de inferioridade do período da infância – a criança não pode conceber filhos como seus pais. O sentimento de inferioridade vivido, por alguns pacientes, na experiência da infertilidade, pode ser decorrente do estigma desta na cultura judaico-cristã – nos textos bíblicos a união dos casais é abençoada com uma vasta descendência e aqueles que são amaldiçoados são punidos com a ausência de frutos. Descobrimos semelhantes concepções na tragédia grega de Édipo Rei: Tebas foi castigada com a infertilidade dos campos, pois o rei vivia um matrimônio incestuoso. A infertilidade, vivida como castigo divino, é relatada desde os tempos

---

[23] OLMOS, P. (2003). *Quando a cegonha não vem*. p. 29.

[24] Idem, p. 17.

da Grécia antiga. Gondim (2001)[25], discutindo a influência da cultura judaico-cristã sobre as concepções de fertilidade e infertilidade, diz que, em várias passagens do Velho e do Novo Testamento, a fertilidade é vista como sinal de bênção e de qualificação, enquanto a infertilidade, de castigo divino diante do pecado, de desqualificação. Nos pacientes inférteis, a vergonha, a culpa e o isolamento social são sentimentos constantemente abordados.

Geralmente, encontramos no discurso do casal infértil uma busca por algo que justifique a infertilidade como um castigo divino. Por exemplo: este casal não foi abençoado com um filho, pois estão eles em pecado, ou a eles foi designado um filho imperfeito ou um natimorto, pois seu relacionamento é uma afronta divina. Abortos anteriores, traição ao marido ou à esposa, competitividade são explicações buscadas para justificar o imaginado castigo. A infertilidade pode ser vivida, então, como um tipo de punição que, provavelmente, apresente o caráter de um julgamento do superego. Uma paciente relatou-me: "casei dentro dos conformes, fiz tudo certo. Já pensei se isso não é uma punição, mas o que eu fiz de errado?". A impossibilidade de conceber naturalmente pode também ser uma ferida narcísica, já que o casal, que deseja ter um filho, sente-se privado de algo comum e básico ao ser humano: conceber e dar continuidade à cadeia de gerações.

---

[25] GONDIM, M. C. B. (2001) *Determinantes socioculturais e seus efeitos sobre as representações do self num caso de infertilidade feminina.*

As novas técnicas de reprodução assistida são de uso relativamente recente, e está ocorrendo uma expansão no número de pacientes atendidos nos últimos anos. Pouco sabemos do impacto emocional que essa situação pode promover nos casais e nas novas gerações advindas da tecnologia. Os estudos psicanalíticos sobre o tema ainda são poucos, justificando que pesquisas acerca do impacto sobre a realidade psíquica, que pode acompanhar esses processos, são necessários.

A pesquisa que deu origem a este texto teve como questão investigar qual a experiência psíquica do sujeito no eixo fertilidade/infertilidade. O trabalho investiga, usando de conceitos psicanalíticos, a realização da maternidade/paternidade e/ou sua tentativa, por meio de técnicas de reprodução assistida. Pesquiso a origem e o destino do desejo de um filho no psiquismo; discuto o uso atual do conceito de infertilidade psicogênica e, por fim, de que forma a psicanálise pode contribuir com essa demanda tão contemporânea. O trabalho pretende trazer contribuições em um campo primordial para o ser humano, e que vem sofrendo mudanças nunca antes vistas na história da humanidade.

# 1.

# A INFERTILIDADE NA LITERATURA PSICANALÍTICA

Por ser este um trabalho de investigação eminentemente clínico, a teoria é usada em função do fenômeno observado. O recorte teórico feito é uma tentativa de compreendê-lo. Alguns autores foram pesquisados com o propósito de investigar quais áreas psíquicas podem ser reativadas e/ou estimuladas na experiência da fertilidade/infertilidade, gerando sofrimento e conflito psíquico.

Ao investigar autores, que se aproximam das indagações que nortearam este trabalho, encontrei três dissertações defendidas na PUCSP: *Aspectos psicológicos da esterilidade feminina*, de Meu Ling Yu Yin, 1987; *A feminilidade e a relação entre mãe e filha*, de Sara Susan Markuschower, 1995 e *Vivências psicológicas de mulheres em um Programa de Esterilidade Conjugal de um Hospital Municipal*, de Rosely Abramowicz Godstein, 1996. Constatei que outros pesquisadores também se indagaram sobre as possíveis repercussões psíquicas da esterilidade.

Yin (1987) analisou sete estudos de caso de mulheres que não tiveram filhos por causas orgânica ou funcional, e cirúrgicas. Estavam próximas do climatério e já não tinham expectativas quanto a ficarem grávidas. Os resultados encontrados e as hipóteses levantadas que destaco são: a esterilidade abala o autoconceito das mulheres e gera sentimentos de culpa, vazio, fracasso, insegurança, de incompletude, de inferioridade diante de terceiros; a identidade feminina fica comprometida pela frustração em não poder gerar filhos; a esterilidade afeta a sexualidade, o relacionamento conjugal, as relações sociais, gerando isolamento e superficialidade nos contatos interpessoais, ou seja, a esterilidade foi uma experiência psíquica devastadora para as mulheres entrevistadas por Yin.

A dissertação de mestrado de Goldstein (1996) – *Vivências psicológicas de mulheres em um Programa de Esterilidade Conjugal de um Hospital Municipal* – já no título ilustra o conteúdo da sua pesquisa. A autora analisou, a partir de um referencial psicanalítico, várias entrevistas abertas e relatos em grupos de sala de espera, com mulheres que procuravam o serviço do hospital para tratamento. Destaco algumas considerações feitas pela autora: alterações na autoestima dessas mulheres – o bebê representando algo de bom que elas temem não possuir; reações de vergonha, culpa e raiva por não terem engravidado rapidamente; uma profunda ferida narcísica. Refere-se ao bebê ser visto como continuidade narcísica da mãe; e a maternidade, como mais um elo para as mulheres construírem sua identidade feminina. Nos homens, o filho é um símbolo de masculinidade e potência sexual.

A dissertação de Markuschower (1995)[1] aborda a complexidade do processo da constituição da identidade feminina, que se deve ao fato de a mulher ter que transferir o seu apego libidinal em relação à sua mãe para o pai, mantendo a identificação com ela. Tornar-se mulher é compreendido como um processo:

> [...] "tornar-se mãe não é realizar sua natureza", mas sim confrontar-se, de um só golpe, com o "lote" de seus conflitos... se o nascimento de um filho pode ser motivo de alegria, essa alegria é uma conquista que remete ao percurso da constituição psíquica da menina, tanto no nível das suas identificações, como no nível da resolução das suas ligações libidinais e edípica[2].

Conceber um filho, gerá-lo e criá-lo pode ser uma grande conquista psíquica para a mulher.

Um artigo que merece ser destacado é o de Applegarth (1995)[3] – "The psychological aspects of infertility" –, capítulo de um livro destinado a médicos que trabalham com reprodução humana. Prima pela descrição psicológica da situação de infertilidade, considerada como uma crise vital. A capacidade

---

[1] MARKUSCHOWER, S. S. (1995), *A feminilidade e a relação entre mãe e filha.*

[2] Idem, p. 66.

[3] APPLEGARTH, L. (1995). *The psychological aspects of infertility.*

de conceber e gerar um filho são extremamente importantes para as questões da feminilidade e da masculinidade, assim como para o próprio sentido da vida. Para essa autora, gerar filhos e ser pais é uma das razões em torno das quais o casal se constitui. A situação de infertilidade não é somente uma crise individual, mas uma crise do par – a situação impele-os a reavaliar o sentido de seu relacionamento. Relata que a infertilidade não é apenas frustrante; é, sim, devastadora para aqueles que desejam um filho e não conseguem tê-lo. A autoestima e a autoconfiança do casal sofrem um forte impacto; o relacionamento fica sobrecarregado de acusações, culpas, frustrações e desapontamentos.

Applegarth (1995) considera que, se o casal tinha um relacionamento saudável anterior à situação de infertilidade, as chances de lidarem bem com as dificuldades inerentes ao processo de diagnóstico e tratamento são boas. Essa inesperada e não bem-vinda circunstância pode até, para alguns, fortalecer o relacionamento. O casal é inevitavelmente afetado pelo *stress* decorrente das intervenções médicas, das pressões familiares e sociais, bem como das demandas sexuais. Antigos conflitos vinculados à autoimagem e competência podem ser despertados. A sexualidade passa a ter novo significado: de falha e/ou deficiência e de desespero e/ou desesperança, e pode ocorrer, em alguns casos, impotência sexual temporária. Esses casais sofrem de uma profunda ferida narcísica, da qual muitos nunca se recuperam totalmente. Para a autora, as reações emocionais esperadas diante do diagnóstico de infertilidade são: culpa,

INFERTILIDADE E REPRODUÇÃO ASSISTIDA 49

depressão, raiva e isolamento. Sentimentos de culpa podem ser justificados pelos pacientes por abortos cometidos no passado, uso de contraceptivos, relações extraconjugais, relacionamentos sexuais anteriores ao casamento, fantasias sexuais, etc. Homens e mulheres podem experienciar a infertilidade como uma situação de injustiça cometida contra eles. Tal situação gera intensos sentimentos de raiva que podem ser direcionados a casais grávidos próximos. Desespero, desesperança, cansaço, pessimismo são sentimentos geralmente relatados por esses pacientes. O isolamento social decorrente de sentimentos de fracasso e vergonha também pode ocorrer, por não ser possível realizar o que muitos casais fazem sem grande esforço.

Entre autores de língua inglesa, que abordam a questão da infertilidade articulada com reflexões sobre a tecnologia de reprodução humana, estão: Pines (1990), Lester (1995), Zalusky (2000) e Apfel e Keylor (2002). Entre psicanalistas argentinos: Melgar (1995), Losoviz (1995) e Fiorini (1999), e entre brasileiros: Gondim (2001) e Lowenkron (2001).

Dinorah Pines, psicanalista inglesa, escreveu artigos sobre gravidez, aborto e infertilidade. Sua experiência profissional é enriquecida pelo seu trabalho como médica em um hospital de Londres, onde somente mulheres são atendidas. Relata (1990)[4] que suas pacientes inférteis experimentavam um profundo sofrimento emocional, e comenta que as novas técnicas de reprodução humana têm trazido esperanças e também decepções.

---

[4] PINES (1990). *Aspectos emocionales de la infertilidad y sus remedios.*

Os casais inférteis que buscam essa tecnologia têm de se confrontar com o seguinte fato: não poderão ter filhos como seus pais, sendo necessário elaborar a perda da capacidade de procriar naturalmente. A psicanalista aponta que sentimentos de vergonha e de culpa fazem parte do sofrimento emocional dos casais inférteis. Vergonha de não poder conceber naturalmente; culpa por não dar continuidade à cadeia de gerações e seus laços de sangue. O desejo de procriar advém, em ambos os sexos, da identificação com o objeto primário – a mãe pré--edípica. O desejo de ter um filho está presente no jogo e na fantasia muito antes que se possa realizá-lo fisicamente[5]. Ter um filho pode ser a realização de desejos e fantasias da infância.

Pines (1990)[6] escreve: "Isso implica que, tanto para homens como para mulheres, a confiança em sua capacidade para reproduzir-se e a consciência desta capacidade são partes de sua autoimagem". As mulheres têm, segundo a autora, duas tarefas a mais que os homens para enfrentar no processo de desenvolvimento: identificar-se com as capacidades femininas de sua mãe e se diferenciar emocionalmente dela. A gravidez seria a última etapa no processo de identificar-se e, ao mesmo tempo, diferenciar-se da mãe:

---

[5] KESTENBERG, J. (1974). Notes on parenthood as a developmental phase. *J. Am. Psycoanal. Assn.*, 23: 154-165.

[6] *"Esto implica que, tanto para hombres como para mujeres, la confianza en su capacidad para reproducirse y la conciencia de esta capacidad son parte de su autoimagen"*. In: PINES, D. (1990) *Aspectos emocionales de la infertilidad y sus remedios*. Tradução livre.

INFERTILIDADE E REPRODUÇÃO ASSISTIDA

[...] para a menina pequena, a confiança em sua capacidade futura de dar à luz um filho, como fizera sua mãe, é decisiva para um bom desenvolvimento de seu sentido de feminilidade, sua identidade sexual e sua auto-estima. Tudo isso somente pode se concretizar quando seu corpo alcança a maturidade física. As fantasias e os desejos de gravidez podem, portanto, ser considerados uma parte normal da futura identidade da menina pequena, um objetivo que será alcançado em sua vida futura[7].

Pelos aspectos expostos por Dinorah Pines, é compreensível que a infertilidade possa ser uma experiência dolorosa em termos psíquicos, provocando profunda ferida narcísica naqueles casais que gostariam de ter filhos.

Lester (1995)[8], psicanalista canadense, em seu artigo "A surrogate carries a fertilised ovum: multiple crossings in ego boundaries", relata que os recentes avanços na tecnologia de reprodução têm criado situações que exigem reconsideração das ideias e pensamentos psicanalíticos sobre o desejo de

---

[7] "Para a ninã pequeña, la confianza en su capacidad futura de dar a luz un hijo como lo hiciera su madre es decisiva para un desarrollo confiado de su sentido de feminidad, su identidad sexual y su autoestima. Todo esto puede concretarse sólo cuando su cuerpo alcanza la madurez física. Las fantasias y los deseos de embarazo pueden por lo tanto ser considerados como una parte normal de la identidad futura de la ninã pequena, un objetivo que será alcanzado en su vida adulta". In: PINES, D. The relevance of early psychic development to pregnancy and abortion. *Int. J. Psycho-Anal.*, 63: 311-319, 1982. Tradução livre.

[8] LESTER, E. P. (1995). *A surrogate carries a fertilised ovum: multiple crossings in ego boundaries.*

procriação, a infertilidade e o significado da gravidez para a futura função materna. Discute, em seu material clínico, um caso de mãe de aluguel ou mãe hospedeira – quando uma mulher oferece seu ventre para gestar e parir o filho genético de outra. Comenta como essa situação pode gerar uma relação interpessoal extremamente complexa entre a mãe hospedeira e a mãe genética.

Zalusky (2000)[9], em seu artigo "Infertility in the age of Technology", faz algumas reflexões sobre infertilidade e psicanálise. Relata que a biotecnologia tem apresentado desafios quanto ao que é possível, toca nossas primitivas fantasias de onipotência, tais como a de autocriação. A autora comenta que a gravidez alcançada pela doação de óvulos é um novo e dramático fenômeno humano, e ainda sabemos muito pouco sobre suas possíveis repercussões. As técnicas de reprodução humana têm alterado tradicionais noções de maternidade, paternidade e família e, também, trazem novos desafios à dupla analítica; tanto analistas como pacientes veem-se diante de complexos dilemas humanos.

Apfel e Keylor (2002)[10], psicanalistas americanas, no artigo "Psychoanalysis and infertility", dizem que os recentes estudos psicanalíticos sobre infertilidade focam duas problemáticas psicodinâmicas: a primeira refere-se a uma falha na elaboração de um luto anterior à situação de infertilidade, estudo

---

[9] ZALUSKY, S. (2000). *Infertility in the age of technology.*

[10] APFEL, R. J.; KEYLOR, R. G. (2002). *Psychoanalysis and infertility: myths and realities.*

desenvolvido por Christie (1997[11], 1998[12]) , que sugere a utilidade de pesquisar a existência de um luto, ainda não elaborado, antes de os pacientes iniciarem os procedimentos em reprodução assistida. A segunda problemática psicodinâmica refere-se à ausência de ambivalência e/ou inexistência de sentimentos negativos sobre a gravidez e a maternidade, ausência esta frequentemente observada em mulheres inférteis. Citam o trabalho de Kemeter e Fiegl (1998)[13], autores que levantam a seguinte hipótese: a intolerância à ambivalência pode ser uma tentativa de os pacientes controlarem a fertilidade, usando o mecanismo de repressão de pensamentos e sentimentos negativos.

No texto de Apfel e Keylor (2002), há extensa revisão bibliográfica sobre infertilidade. Encontram-se algumas considerações importantes a serem referendadas: o *stress* da situação de infertilidade promove um impacto na saúde mental e física; conviver com a infertilidade é semelhante a lidar com as mais devastadoras doenças médicas[14]; a cada tentativa malograda de alcançar uma gravidez, os pacientes podem ficar,

---

[11] CHRISTIE, G. L. The management of grief in work with infertile couples. *J. Assisted Reproduc. Genetics*, v. 14, p. 189-191, 1997.

[12] CHRISTIE, G. L. (1998). Some socio-cultural and psychological aspects of infertility. *Human Reproduc.*, v. 13, p. 232-241.

[13] KEMER; FIEGEL, J. (1998). Adjusting to life when assisted conception fails. *Human Reproduc.*, v. 13, p. 1099-1105.

[14] DOMAR, A. D; ZUTTERMEISTER; P. C.; FRIEDMAN, R. (1993). The psychological impact of infertility: a comparison with patients with other medical conditions.

gradativamente, mais deprimidos[15]. As autoras afirmam que a impossibilidade de realização da maternidade e da paternidade é um evento que tem facetas múltiplas. Existem outras perdas além da perda da fertilidade: a da sexualidade espontânea, a da experiência da gravidez, a do filho, e a da continuidade genética. Há o estigma social e o isolamento do casal.

Melgar (1995), psicanalista argentina, em artigo intitulado "Procreación asistida (natural-artificial) en la cultura contemporánea", investiga os processos inconscientes implicados nas novas configurações culturais, assim como seus efeitos sobre a realidade psíquica. Interroga-se a respeito da reprodução assistida:

> [...] constitui um ataque à castração simbólica, à morte simbólica, é um perigo de dessimbolização, uma ameaça à estrutura da família e aos sistemas de filiação ou se inclui em uma nova etapa da evolução do símbolo na realidade psíquica?[16]

---

[15] HYNES, G. J.; CALLAN, V. J.; TERRY, D. J.; GALLOI, C. *The psychological well-being of infertile women after a failed IVF attempt: the effects of coping.* Brit. J. Med. Pschol., v. 65, p. 269-277, 1992.

[16] *"constituye un ataque a la castración simbólica, a la muerte simbólica, es un peligro de desimbolización, una amenaza a la estructura de la familia y los sistemas de filiación o se incluye en una nueva etapa de la evolucion del símbolo en la realidad psíquica?"* In: MELGAR, M. C. (1995). *Procreación asistida (natural-artificial) en la cultura contemporánea.* Tradução livre.

Fiorini (1999)[17] pondera que as novas técnicas de reprodução humana estão desafiando antigas certezas em relação ao conceito de maternidade. Afinal, quem é a mãe? Aquela que gesta? A que doa os óvulos? A que cria? E nas duplas homossexuais, tanto femininas quanto masculinas? A autora usa a significativa expressão: "fraturas genealógicas", para designar as novas filiações (quebradas, alteradas) frutos da tecnologia. Articula os conceitos de idealização da maternidade com dessexualização da maternidade, presente na cultura cristã, que tem como ícone a Virgem Maria.

Compreendo que Melgar (1995), Fiorini (1999) e outros psicanalistas preocuparam-se com o uso tanático da nova tecnologia de reprodução humana. Talvez, toda e qualquer tecnologia possa ser usada para fins perversos.

Lowenkron (2001)[18] parece, também, ocupar-se do desvio de uso da tecnologia quando descreve a "Síndrome do nascimento virgem", que consiste na demanda de "mulheres solteiras, sem nenhuma experiência sexual, e sem nenhuma intenção de ter relação sexual, que desejam ter filho por meio da concepção assistida [...]", estudo desenvolvido por uma antropóloga inglesa, Marilyn Strathern (1995)[19] a partir da

---

[17] FIORINI, L. G. (1999). *Maternidad y sexualidad femenina a la luz de las nuevas técnicas reprodutivas.*

[18] LOWENKRON, A. M. (2001). *Maternidade: novas configurações?*

[19] STRATHERN, M. Necessidade de pais, necessidade de mães. *Estudos Feministas,* 2: 303-329, 1995.

polêmica gerada nos círculos médicos ingleses sobre a síndrome. Após muitos debates chegou-se ao seguinte pressuposto:

> [...] o de que o ato sexual, mesmo quando, graças às novas tecnologias, deixa de ser uma exigência biológica para a concepção, mantém-se como parte conceitualmente significativa na procriação, pois sustenta a parentalidade como resultado efetivo de uma união entre partes, as quais, segundo Strathern, devem se distinguir pelo gênero[20].

Nem todas as pessoas envolvidas nos debates concordavam com a referência à distinção de gêneros como parâmetro para a parentalidade. Levantou-se outra problemática: a necessidade humana de relacionamentos. As mulheres desejantes de filhos concebidos *sem sexo, mas com médico*, recusavam qualquer relacionamento sexual, tanto heterossexual como homossexual. No texto, a autora escreve: "[...] que o papel do gerador homem não se limita a fazer o filho: consiste, também, em 'fazer a mãe'". Acrescenta, expondo as ideias da antropóloga Strathern, que no contexto da concepção de um filho o gênero do parceiro sexual deveria ser considerado:

> [...] as novas tecnologias revolucionaram valores tradicionais, ao separarem o sexo da procriação e a procriação do

---

[20] LOWENKRON, A. M. *Op. cit.*, p. 834.

sexo, sem conseguirem, no entanto, separar procriação de relações de gêneros, no que diz respeito à definição de pais[21].

Parece ser essa uma definição balizadora no contexto atual, no qual as referências de masculinidade e feminilidade estão se tornando cada vez mais complexas e menos nítidas quanto às fronteiras. A partir das possibilidades técnicas que a nova tecnologia de reprodução humana oferece aos pacientes – doação de gametas, barriga de aluguel, etc. –, podem surgir situações inusitadas quanto à distinção de gêneros na maternidade e paternidade. Pouco sabemos sobre as repercussões psíquicas nas novas gerações concebidas a partir dessa tecnologia; configurações inéditas de filiação e parentalidade surgem.

Outro fator a ser considerado é que no Brasil, atualmente, as leis que regem os procedimentos médicos em reprodução assistida são embrionárias. Em clínicas particulares, o desejo do paciente, seja qual for, é inquestionável. Diferentemente, em ambulatórios vinculados à rede pública existem limites e parâmetros.

Como não ter em mente que a demanda feita à tecnologia pelas mulheres da "Síndrome do nascimento virgem" incide sobre uma possibilidade criada, existe, portanto, de certo modo, sobre uma oferta? Não foram as mulheres que tornaram exeqüível essa possibilidade. Foi o próprio

---

[21] Idem, p. 835.

desenvolvimento científico-tecnológico que, inclusive, vem modificando a noção de natureza, de anatomia e de destino. Quanto à noção de ordem da cultura, por sinal, das mais significativas, aquela que cria referência e tem valor máximo de verdade, para a maior parte do mundo contemporâneo?[22]

Questões complexas que a psicanálise contemporânea está sendo convocada a pensar.

---

[22] Idem, p. 840.

# 2.

## SOBRE O DESEJO DE TER UM FILHO

*Ter um filho representa, pois, restaurar
um bom número de objetos e, em alguns casos, até mesmo
recriar um mundo inteiro.*
**M. Klein**

O desejo de ter filhos está intrinsecamente ligado à sexualidade e seus desdobramentos. Data da primeira infância e tem sua origem na relação primária com a mãe em ambos os sexos. Ao longo do desenvolvimento, esse desejo segue destinos psíquicos diferentes para homens e mulheres, tornando-se mais central no psiquismo feminino. Fatores psíquicos e culturais parecem fazer desse desejo um dos mais importantes na vida da mulher. Justamente pela sua importância, a impossibilidade de realizá-lo pode reativar e/ou intensificar conflitos psíquicos vinculados a ele. A capacidade de procriar é postergada para a vida adulta, mas, precocemente, identificamo-nos com ela. Ao observarmos as brincadeiras infantis, percebemos que algumas podem ser um tipo de ensaio para o futuro desempenho da maternidade e da paternidade. Tanto meninas quanto meninos brincam com seus bebês imaginários.

Um dos primeiros enigmas que ocupa a mente infantil é aquele que diz respeito à origem dos bebês e à própria origem, assim como à função materna e paterna associadas a essas questões (Freud, 1908)[1]. As investigações da criança, descritas por Freud (1905) como pulsão de saber, têm como principal interesse o enigma da origem.

> O primeiro problema de que ela se ocupa, em consonância com essa história do despertar da pulsão de saber, não é a questão da diferença sexual, e sim o enigma; de onde vêm os bebês? Numa distorção facilmente anulável, esse é também o enigma proposto pela Esfinge de Tebas[2].

Talvez seja difícil diferenciar, no psiquismo infantil, questões tão interligadas como a presença de bebês, a relação (sexual) entre os pais, a diferença entre os sexos e entre as gerações. Enigmas complexos, permeados pelas excitações pré-genitais, e que são importantes para nossa investigação: é a partir desse contexto que podemos falar do desejo de ter uma criança e, provavelmente, a impotência de realizá-lo reabra antigas feridas associadas a ele.

---

[1] FREUD, S. (1908). *Sobre as teorias sexuais das crianças*. p. 216.

[2] FREUD, S. (1905). *Três ensaios sobre a teoria da sexualidade*. p. 182.

O desejo de ter um filho parece surgir no esteio de questões estruturais para o psiquismo. Justamente por sua importância, a impossibilidade de realizá-lo pode reativar e/ou intensificar conflitos inerentes ao campo psíquico em que se origina e permanece vinculado. Tal desejo parece constituir-se no âmago dos seguintes "núcleos" inconscientes: o desejo narcísico de imortalidade do Eu; as fantasias originárias; a identificação primária com a mãe; a constelação edípica e a identidade de gênero. São questões amplas e interligadas, que abordarei sob a perspectiva do eixo fertilidade/infertilidade, com o intuito de compreender as forças psíquicas presentes no desejo de ter filhos[3].

## O desejo narcísico de imortalidade do Eu

*E afinal, refleti, ter filhos não seria nosso*
*único acesso à imortalidade?*
Freud, 1900

*A gente cresce, envelhece e morre, a gente tem que ter uma*
*continuação, eu quero ter um filho meu, para ter uma continuidade.*
Paciente do Ambulatório de Esterilidade

---

[3] Por causa da complexidade dos conceitos, e ao devido fato de que alguns psicanalistas compreenderam de maneiras diversas tais constructos teóricos (e outros nem se debruçaram sobre eles), torna-se restrito manter uma única compreensão teórica do psiquismo e da sexualidade humana. Assim sendo, reitero que uso a teoria de forma a permanecer o mais perto possível da experiência clínica com os pacientes inférteis que acompanhei.

Um dos núcleos inconscientes, do qual o desejo de ter um filho origina-se e permanece vinculado, é o desejo narcísico de imortalidade do Eu. Uma maneira de aproximarmo-nos da imortalidade é a possibilidade de transmitirmos a herança genética para os descendentes. Parece ser uma importante realização narcísica ver um pouco de nós mesmos em nossos filhos. Quando isso não acontece, quando somos privados de uma realização tão primordial e tão comum, antigas feridas narcísicas podem ser reativadas. A experiência da infertilidade pode ser desestruturante, podendo até levar alguns casais à separação após tentativas frustradas de gerar um descendente. A responsabilidade pela ferida narcísica, quando não é tolerada, pode ser projetada no parceiro. O fato de ocorrer essa projeção da culpa pela ferida narcísica pode tornar o relacionamento do casal insuportável.

Que sofrimento narcísico é esse? A partir de que compreensão do narcisismo? No artigo de 1914, "Sobre o narcisismo: uma introdução", Freud escreve:

> [...] e finalmente afigurou-se provável que uma localização da libido que merecesse ser descrita como narcisismo talvez estivesse presente em muito maior extensão, podendo mesmo reivindicar um lugar no curso regular do desenvolvimento sexual humano [...] O narcisismo nesse sentido não seria uma perversão, mas o complemento libidinal do egoísmo do

instinto de autopreservação, que, em certa medida, pode justificavelmente ser atribuído a toda criatura viva[4].

É sob essa perspectiva – narcisismo atribuído a toda criatura viva e parte do curso regular do desenvolvimento sexual – que podemos pensar o conceito fora do campo da patologia.

Na última teoria das pulsões, Freud reagrupa como pulsões de vida todas as que anteriormente eram antagônicas, e passaram a ser consideradas antagônicas apenas as pulsões de vida e morte.

> Depois de muito hesitar e vacilar decidimos presumir a existência de apenas dois instintos básicos, Eros e o instinto destrutivo (O contraste entre os instintos de autopreservação e a preservação da espécie, assim como o contraste entre amor do ego e o amor objetal, incidem dentro de Eros)[5].

Freud descreve a oposição entre amor do ego e amor objetal. Quando o amor do ego se enriquece, o amor objetal empobrece e vice-versa. Como podemos pensar nesse equilíbrio entre libido narcísica e libido objetal, ambos banhados por Eros? Parece existir uma interdependência entre libido objetal e libido narcísica. O equilíbrio dar-se-ia pelo fato de que um necessita do outro? Freud refere-se a uma quota de libido armazenada no

---

[4] FREUD (1914). *Sobre o narcisismo: uma introdução.* p. 89-90.

[5] FREUD (1940). *Esboço de psicanálise.* p.173.

ego, investida nos objetos. A libido narcísica transforma-se em libido objetal. Usa a metáfora da ameba com seus pseudópodos para ilustrar esta dinâmica energética. A essa quota de libido armazenado no ego denomina narcisismo primário.

O conceito de narcisismo primário levanta controvérsias, por ser compreendido por alguns psicanalistas como estado anobjetal, cujo protótipo seria a vida intrauterina. Atualmente, sabe-se que o feto humano interage com seu meio. Laplanche e Pontalis[6] perguntam: "[...] como passar de uma mônada fechada em si mesma para o reconhecimento progressivo do objeto?" Parece-nos uma tarefa difícil. Se pensarmos o narcisismo "primário" como a interiorização de uma relação, uma identificação narcísica com o objeto, podemos entender a interdependência entre libido narcísica e libido objetal.

Chegamos ao mundo com a nossa bagagem pulsional necessitando ser humanizada. Tornamo-nos humanizados no encontro com outro ser humano que nos libidiniza. Para esse primeiro outro – supostamente a mãe – o bebê tanto é uma realização de aspirações narcísicas como um novo objeto. Os pais libidinizam seu bebê, e o bebê, por sua vez, pode trazer realização narcísica e objetal para os pais.

André Green (1988)[7], um dos expoentes da psicanálise atual, ajuda-nos a entender a diferenciação entre o narcisismo que visa à abolição do Eu e o narcisismo que faz parte da

---

[6] LAPLANCHE; PONTALIS (1992). *Vocabulário da psicanálise*. p. 289.

[7] GREEN, A. (1988). *Narcisismo de vida / Narcisismo de morte*.

referência de um Eu unificado. Usa dois conceitos: narcisismo de vida, ou narcisismo positivo, e narcisismo de morte, ou narcisismo negativo. O primeiro, de vida, assemelha-se à já citada postulação de Freud de que o narcisismo incide dentro de Eros. Entretanto, não seria possível compreendermos as patologias narcísicas, se o narcisismo incidisse apenas dentro de Eros. O autor propõe chamar de narcisismo negativo às relações entre narcisismo e pulsão de morte, ou seja, no narcisismo de vida, predomina a pulsão de vida – Eros – que visa à realização da unidade do Eu; no narcisismo de morte, predomina a pulsão de morte – Tânatos – que visa à abolição do Eu. Para Green, o narcisismo serve "[...] portanto, ao sujeito, de objeto interno substitutivo que vela pelo Eu como a mãe vela pela criança"[8]; portanto, um *quantum* de investimento libidinal no Eu é sempre necessário.

Afinal, por que é importante gerar um filho? Por que é tão dramático quando um casal se vê impossibilitado de realizar esse desejo? A situação de infertilidade parece promover ou reativar uma profunda ferida narcísica nos casais, revelada por intensos sentimentos de inferioridade diante dos outros, de vergonha e baixa autoestima. Tais sentimentos são frequentes nesses pacientes, já que o projeto de ter um filho é carregado de investimentos narcísicos. Para facilitar a compreensão da importância psíquica do desejo de ter um filho recorro aos poetas, que descrevem tão bem as paixões humanas. É com

---

[8] Idem, p. 57.

esse objetivo que comento o poema de Lya Luft[9], citado no início do trabalho.

O primeiro objeto de reflexão coloca-se já no título do poema "Canção da Imortalidade". Freud, no capítulo VI do texto "Além do princípio do prazer" (1920), apresenta (pela primeira vez assim nomeada) a pulsão de morte, e, para falar sobre a pulsão de morte e a pulsão de vida, reflete sobre a morte e a imortalidade. Faz uso da teoria de Weismann, na qual há uma divisão na substância viva de partes mortais e imortais: a parte mortal é o corpo ou soma; a parte potencialmente imortal são as células germinais, que podem transferir, mesmo que parcialmente, para outro corpo sua herança genética. Freud faz uma comparação entre a sua teoria pulsional e a teoria de Weismann: a pulsão de vida, na qual se insere agora a pulsão sexual, é a corporificação da vontade de viver, as células germinais; a pulsão de morte é a parte mortal, a tendência ao zero, à desintegração. No texto "Sobre o narcisismo: uma introdução", Freud (1914) escreve:

> O indivíduo considera a sexualidade como um dos seus próprios fins, ao passo que, de outro ponto de vista, ele é um apêndice de seu germoplasma, a cuja disposição põe suas energias em troca de uma retribuição de prazer. Ele é o veículo mortal de uma substância (possivelmente) imortal –

---

[9] LUFT, L. (1997). *Secreta mirada*. p. 37.

como herdeiro de uma propriedade inalienável, que é o único dono temporário de um patrimônio que lhe sobrevive[10].

A sexualidade passa a ter uma função que transcende o indivíduo: é o veículo de ligação entre as gerações. Pode-se dizer que a imortalidade é uma imortalidade relativa, parte da herança genética de cada um dos pais é transmitida para um outro ser humano; e na sucessão de gerações esta herança genética vai se pulverizando: "[...] catavento de traços espalhados como num milagre de multiplicação".

O narcisismo, como investimento libidinal no Eu, é o responsável pelo desejo de imortalidade e pela crença inconsciente que temos nessa possibilidade. É um Eu cindido, em que uma parte se reconhece mortal e deseja a imortalidade, mesmo que relativa. Outra parte – inconsciente – se crê imortal, não reconhecendo a sua morte, nem a dos objetos. Para Freud, a morte não tem representação no inconsciente.

A imortalidade da qual Lya Luft nos fala é a imortalidade a serviço de Eros; é parcial, implica a consciência da própria morte; satisfaz o desejo narcísico de imortalidade do Eu, ao reconhecer a transitoriedade da vida, assim como Freud diz: o indivíduo "é o único dono temporário de um patrimônio que lhe sobrevive". Esse desejo de imortalidade que se realiza narcisicamente na concepção "...porque ali naquele olho azul me vejo..." é, ao mesmo tempo, constatação da finitude e da

---

[10] FREUD, S. (1914). *Sobre o narcisismo: uma introdução*. p. 94.

transitoriedade da vida. Por isso, podemos falar de uma realização narcísica "modesta", já que implica o reconhecimento de seus limites:

> Podemos esperar que a imortalidade posta a serviço de Eros saberá estabelecer objetivos mais modestos, encontrando suficiente satisfação narcisista no orgulho de pertencer a uma tradição cultural, sem por isto desprezar as outras, e de acrescentar aos prazeres de pertença, os da filiação, filha da aliança?[11]

Freud, ao fazer sua análise do sonho de Irma, revela suas fantasias de imortalidade, imaginando a placa comemorativa do desvendamento da vida onírica. Parece ser um desejo de imortalidade realizado, dentro de um contexto de genialidade que escapa à maioria de nós. Talvez a realização narcísica que ocorre na concepção de um novo ser seja a mais comum e a mais visceral – "[...] gesto e gosto nesta vida estão nessas carnes que pari". Lya Luft, em seu eu lírico, cria com palavras um jogo de espelhos no qual uma mulher se vê – como Narciso enamorado de si mesmo – e vê, também, o amado morto, por meio dos traços de um filho. Desejar conceber e ter um filho é poder ver partes de si em um outro ser, e perceber também traços do amado. O desejo relativo de imortalidade do Eu estende-se para o desejo de imortalidade do par, do casal: "[...]

---

[11] GREEN, A. (1988). *Narcisismo de vida / Narcisismo de morte*. p. 311.

porque ali naquele olho azul me vejo, naquela fina mão te vejo, amado meu". Quando um casal deseja conceber um filho, é a realização a serviço do narcisismo de vida que pode estar em jogo. O Eu que fala, no poema de Lya Luft, se vê dentro de uma cadeia de gerações, na qual o passado "a avó perdida, o amado morto", o presente, "os filhos que tive... com filhos que também tiveram"; e o futuro, "como eles se verão futuramente", entrelaçam-se nos investimentos narcísicos e objetais que acompanham o fluxo da vida.

Nossos investimentos objetais nunca morrem totalmente; permanecem como sombra na memória. Podemos sobreviver à morte de entes queridos – *o amado morto* – graças à pulsão de vida e ao narcisismo de vida. O objeto morto, quando a pulsão de vida prevalece – o investimento libidinal no Eu – pode ser esquecido, ficando como *sombra na memória*, e não como sombra sobre o ego, tal qual encontramos no luto melancólico, caracterizado pelo puro cultivo da pulsão de morte. No inconsciente, nossos objetos nunca morrem, ou seja, não há registro de morte no inconsciente. Nos sonhos, recriamos nossos objetos perdidos, que serão sempre "apenas uma sombra na memória".

[...] essas ruas sombrias da mente onde os mortos continuam a viver – e sua característica de doçura talvez provenha do fato de o sonhante poder vê-los novamente com vida, como num filme recriado, com autonomia, pela memória.

São sonhos comuns a todos nós, na infindável elaboração de nossos lutos[12].

Todos nós temos o nosso Hades, no qual as almas se encontram, e ao qual também pertenceremos, lá seremos apenas sombra na memória daqueles que amamos. Esse Eu, encurralado na constatação da transitoriedade da vida, tanto de si mesmo como da de seus objetos, necessita acalentar um desejo narcísico de imortalidade, mesmo que relativo. Freud escreve que "no ponto mais sensível do sistema narcisista, a imortalidade do ego, tão oprimida pela realidade, a segurança é alcançada por meio do refúgio na criança"[13].

O ato de conceber evidencia a cadeia geracional à qual pertencemos; é um voto pela vida e, ao mesmo tempo, consciência da morte e da finitude. No ato da concepção biológica e psíquica de um novo ser, o berço pulsional no qual somos gerados revela toda sua força. É como se estivéssemos diante da beleza das construções da natureza: admiramos o espetáculo e, simultaneamente, sentimo-nos pequenos e amedrontados diante de tamanha força de construção – Eros – e de destruição – Tânatos: "Através delas (nessas carnes que pari) olham-me o amado morto, a avó perdida, e o mistério de tudo que sempre me assombrou".

---

[12] MARTINS, R. B. (1995). *Algumas considerações sobre o sonho e suas funções.* p. 55-68.

[13] FREUD, S. (1914). *Sobre o narcisismo: uma introdução.* p. 108.

Quando a concepção de um filho não é possível, há um rompimento na cadeia de gerações, ruptura acompanhada de um intenso sofrimento, vivido pela impossibilidade de realizar o mais comum dos desejos – ter um filho. A baixa autoestima, que geralmente encontramos nos casais inférteis, é decorrente dessa ferida narcísica, como Freud escreve: "[...] devemos reconhecer que a autoestima depende intimamente da libido narcisista..."[14]. A psicanalista francesa Chasseguet-Smirgel (1986)[15] considera que:

> [...] o desejo de fazer e de ter um filho existe também muito antes que o ser humano tenha a capacidade de satisfazê-lo. Tratar-se-ia então de um desejo inato, fundamental, que sua impossível realização fisiológica antes da puberdade destinaria ao recalcamento em razão da ferida narcisista à qual está irremediavelmente associado.

A experiência da infertilidade promove um abalo considerável na economia narcísica do sujeito e do casal: o projeto narcísico de imortalidade do Eu e do par é ameaçado; o casal adulto vê-se em uma posição infantil diante de sua comunidade e de seus familiares - aqueles que não podem conceber, como as crianças, ou seja, não poder conceber e gerar na idade adulta

---

[14] Idem, p. 115.

[15] CHASSEGUET-SMIRGEL (1986). *As duas árvores do jardim*. p. 50.

## O filho da fantasia

As fantasias que permeiam o desejo de um filho têm raízes na própria origem do sujeito. O filho desejado remete-nos à forma como fantasiamos termos sido concebidos. O desejo de ter um filho parece alicerçar-se no que de mais primitivo existe no psiquismo humano – as fantasias originárias. Encontramos no *Vocabulário da psicanálise* (Laplanche; Pontalis), a seguinte definição de fantasias originárias:

> Estruturas fantasísticas típicas (vida intra-uterina, cena originária, castração, sedução) que a psicanálise descobre como organizando a vida fantasística sejam quais forem as experiências pessoais dos sujeitos[16].

Os autores do *Vocabulário* relatam que as fantasias originárias têm como característica comum a referência às origens do sujeito. Tais fantasias procuram responder aos enigmas da existência. A primeira dessas – a cena originária – diz respeito à fantasia da criança ao imaginar as relações sexuais dos pais; suponho, especificamente, a relação sexual dos pais em

---

[16] LAPLANCHE; PONTALIS (1992). *Vocabulário da psicanálise*. p. 174.

que o filho foi concebido – a origem do sujeito. A segunda – fantasia de sedução – refere-se à origem do aparecimento da sexualidade, e a terceira – fantasia de castração – à origem da diferença dos sexos.

Laplanche e Pontalis (1985), em outro texto sobre fantasia originária, escrevem:

> Se indagamos o que significam para nós essas fantasias das origens, colocamo-nos num outro nível de interpretação. Vemos, então, como se pode dizer delas não só que são interpretadas no simbólico, mas também que traduzem, por mediação de um roteiro imaginário que pretende reavê-la, a inserção do simbólico o mais radicalmente instituinte no real do corpo. O que representa para nós a cena primitiva? A conjunção entre o fato biológico da concepção (e do nascimento) e o fato simbólico da filiação, entre o "ato selvagem" do coito e a existência de uma tríade mãe-filho-pai[17].

A expressão "a inserção do simbólico o mais radicalmente instituinte no real do corpo" bem diz dessa experiência tão difícil de ser descrita, justamente por sua inserção corporal e simbólica.

McDougall (1997) compreende que:

---

[17] LAPLANCHE; PONTALIS (1985). *Fantasia originária, fantasia das origens, origem da fantasia*. p. 61 e 62.

como conceito, "cena primária" engloba o estoque total de saber inconsciente e a mitologia pessoal que a criança tem a propósito das relações sexuais humanas, especialmente a dos pais[18].

É interessante a designação da autora, *mitologia pessoal*. Laplanche e Pontalis (1985) também comentam que *"à semelhança dos mitos, elas* (as fantasias) *pretendem proporcionar uma representação e uma 'solução' ao que, para a criança, oferece-se como importantes enigmas..."*[19]. A criança está exposta aos enigmas da existência, quando ainda não tem recursos psíquicos para compreendê-los. Além disso, o fato de que as tentativas de compreensão de tais enigmas vêm permeadas por excitações pré-genitais tornam o contexto, no qual alicerçasse o desejo de um filho, complexo.

Construímos uma mitologia pessoal a respeito da sexualidade, das diferenças sexuais e de como percebemos e fantasiamos o relacionamento parental, não apenas no seu aspecto sexual. São registros que permanecem no inconsciente, formando um "caldo" psíquico único que permeia as fantasias de concepção de um filho.

---

[18] MCDOUGALL, J. (1997). *As múltiplas faces de Eros.* p. XVI.

[19] LAPLANCHE; PONTALIS (1985). *Fantasia originária, fantasia das origens, origem da fantasia.* p. 60.

## O filho edípico

O filho edípico é tanto um filho com o genitor do sexo oposto quanto um filho com o genitor do mesmo sexo. A bissexualidade é responsável pelo conflito edipiano dar-se tanto em sua forma positiva quanto em sua forma negativa, e pela ambivalência nas relações com os pais. Como Freud (1923) escreve:

> Um estudo mais aprofundado geralmente revela o complexo de Édipo mais completo, o qual é dúplice, positivo e negativo, e devido à bissexualidade originalmente presente na criança. Isto equivale a dizer que um menino não tem simplesmente uma atitude ambivalente para com o pai e uma escolha objetal afetuosa pela mãe, mas que, ao mesmo tempo, também se comporta como uma menina e apresenta uma atitude afetuosa feminina para com o pai e um ciúme e uma hostilidade correspondentes em relação à mãe. É este elemento complicador introduzido pela bissexualidade [...] Pode mesmo acontecer que a ambivalência demonstrada nas relações com os pais deva ser atribuída inteiramente à bissexualidade[20].

Freud (1923) considera que a bissexualidade é uma das forças responsáveis *"pelas vicissitudes subsequentes do complexo de*

---

[20] FREUD, S. (1923). *O ego e o id*. p. 47.

*Édipo*"[21]. A bissexualidade é considerada como constitucional ao indivíduo, noção introduzida por influências de Wilhelm Fliess, primeiramente baseando-se em dados da anatomia e da fisiologia. A bissexualidade é definida como "todo ser humano teria constitucionalmente disposições sexuais simultaneamente masculinas e femininas que surgem nos conflitos que o sujeito enfrenta para assumir o seu próprio sexo"[22].

Uso a noção de bissexualidade no que concerne ao psíquico, ou seja, a bissexualidade psíquica e sua influência nos processos identificatórios da primeira infância. As identificações precoces com os pais na infância tendem a ser importantes e duradouras. Tais identificações caracterizam-se pela situação edipiana do sujeito e pelas influências da bissexualidade.

Freud (1932) faz a seguinte formulação sobre o desejo feminino de ter um filho:

> [...] o que mais claramente se expressa é um desejo da menina, de ter da mãe um filho, e o desejo correspondente dela mesma ter um filho – ambos desejos pertencentes ao período fálico e certamente surpreendentes, porém estabelecidos, acima de qualquer dúvida, pela observação analítica[23].

---

[21] Idem, p. 47.

[22] LAPLANCHE; PONTALIS (1992). *Vocabulário da psicanálise*. p. 55.

[23] FREUD, S. (1933). *Conferência XXXIII: Feminilidade*. p. 148.

O desejo de um filho, no período fálico feminino, é de que a mãe dê um filho para a menininha e de que esta também possa dar um filho para a mãe. O desejo, segundo o autor, que mobiliza a menina a voltar-se para o pai, é o de possuir o pênis que foi negado pela mãe. O desejo pelo pênis deve ser substituído pelo desejo por um bebê. Há uma primitiva equivalência simbólica pênis↔bebê. Poderíamos dizer que, para Freud, o desejo da mulher de ter um filho é um tipo de compensação pelo fato de não possuir um pênis. Ele escreve:

> Não é senão pelo surgimento do desejo de ter pênis que a boneca-bebê se torna um bebê obtido de seu pai e, de acordo com isso, o objetivo do mais intenso desejo feminino. Sua felicidade é grande se, depois disso, esse desejo de ter um bebê se concretiza na realidade; e muito especialmente assim se dá, se o bebê é um menininho que traz consigo o pênis tão profundamente desejado[24].

Freud reconheceu que o desejo de ter um bebê é um dos mais intensos desejos femininos. Sua teoria do monismo sexual fálico, baseada na inveja do pênis, aborda alguns aspectos dessa questão, mas não a esgota.

McDougall (2001[1995]) escreve:

---

[24] Idem, p. 158.

Embora as fantasias em que Freud baseou sua teoria sejam freqüentes no universo psíquico da mulher, estão longe de ser os únicos fatores; ou sequer os principais, dentre as complexidades que contribuem para a imagem de feminilidade e maternidade de cada mulher[25].

A inveja do pênis também parece não ser patrimônio das meninas, os meninos manifestam inveja, segundo McDougall[26], comparando seu pênis com o do pai. Na análise do caso clínico do pequeno Hans, Freud (1909) escreve:

De suas palavras autoconsoladoras ("meu pipi vai ficar maior quando eu crescer") podemos deduzir que, durante suas observações, ele constantemente vinha fazendo comparações, e ficara extremamente insatisfeito com o tamanho de seu pipi[27].

Freud não está falando da possível inveja do pênis maior do pai e dos cavalos, que o pequeno Hans pode estar expressando nessas comparações, mas a situação parece ser um bom exemplo disso.

O que pretendo ressaltar com essa discussão é que as crianças, meninos e meninas, invejam tanto as capacidades do pai

---

[25] McDOUGALL, J. (1997). *As múltiplas faces de Eros*. p. 12.

[26] Idem, p. 5.

[27] FREUD, S. (1909). *Análise de uma fobia em um menino de cinco anos*. p. 45.

(masculinas) quanto as capacidades da mãe (femininas) identificam-se com elas, desejando possuí-las. Recorro novamente ao caso clínico do pequeno Hans, para exemplificar o desejo masculino de ter bebês como a mãe. Hans está conversando com seu pai; o diálogo transcorre assim:

> Hans: Eu apenas tomei conta dela como de um bebê de verdade.
> Eu (pai): Você gostaria de ter uma menininha?
> Hans: Oh, sim. Por que não? Eu gostaria de ter uma...
> [...]
> Eu (pai): Mas só as mulheres têm crianças.
> Hans: Eu vou ter uma menininha.
> Eu (pai): Onde é que você vai consegui-la?
> Hans: Ora da cegonha...
> Eu (pai): Você gostaria de ter uma menininha.
> Hans: Sim, no ano que vem eu vou ter uma, e ela vai chamar-se Hanna também.
> Eu (pai): Mas por que é que mamãe não deve ter uma menininha?
> Hans: Porque eu quero ter uma menininha dessa vez.
> Eu (pai): Mas você não pode ter uma menininha.
> Hans: Oh, sim, os meninos têm meninas e as meninas têm meninos.
> Eu (pai): Os meninos não têm crianças. Só as mulheres, só as mamães é que têm crianças.
> Hans: Mas por que eu não poderia?

Eu (pai): Porque Deus arranjou as coisas assim.

Hans: Mas por que você não tem uma? Oh, sim, você vai ter uma, sim. Espere só[28].

Esse diálogo expressa o desejo do pequeno Hans de ter bebês como sua mãe, ou seja, ter as capacidades femininas de sua mãe.

Os desejos bissexuais universais da infância, segundo McDougall[29], devem ser considerados para compreendermos a complexidade da feminilidade e da maternidade. A autora[30] discute a bissexualidade psíquica da seguinte forma: relata que temos desejos bissexuais vinculados à atração que sentimos por ambos os genitores. Fantasiamos, onipotentemente, possuir qualidades masculinas e femininas e ser parceiros sexuais dos pais – posições homossexual e heterossexual do complexo de Édipo. Desejamos tanto o pênis poderoso do pai, que faz bebês, quanto a capacidade da mãe de atraí-lo e de conter bebês. Citando McDougall:

> A menininha quer possuir sua mãe sexualmente, gerar filhos com ela e ser singularmente amada por ela num mundo do qual todos os homens estão excluídos. Ela quer também ser um homem como seu pai e possuir os genitais dele, bem como as qualidades idealizadas que lhe atribui. Devido à

---

[28] Idem, p. 94-95.

[29] McDOUGALL, J. (1997). *As múltiplas faces de Eros*. p. 12-13.

[30] Idem, p. XI.

falta de satisfação, essas pulsões tendem a ficar associadas a uma ferida narcísica[31].

A ferida narcísica, decorrente do fato de a criança não poder satisfazer o desejo de ter um filho com os genitores, é compensada, na vida adulta, com a realização da maternidade e paternidade com os "substitutos" das figuras parentais – marido e esposa. Quando o sujeito se vê impossibilitado novamente (como na infância) de satisfazer tal desejo, é essa antiga ferida que se reabre.

## Os bebês imaginários

O primeiro bebê "sonhado", em ambos os sexos, parece ser um bebê com a mãe e para a mãe. Em sua obra, Melanie Klein fala do surgimento de bebês imaginários a partir dos primeiros estágios do complexo de Édipo. Postula (1928)[32] que as tendências edipianas entram em ação por volta do fim do primeiro ano de vida. A autora, primeiramente, delegou à frustração do desmame o afastamento do objeto primário – mãe – e o surgimento das primeiras tendências edipianas. Posteriormente, considerou que é característica da natureza humana, uma profunda ambivalência: a de sentimentos – amor e ódio –, com os

---

[31] Idem, p. 13.

[32] KLEIN, M. (1928). *Estágios iniciais do conflito edipiano.*

objetos primários – mãe e pai – e a diferença anatômica entre os sexos são elementos determinantes nas primeiras tendências edipianas, que se expressam sob a forma de impulsos orais e anais. Citando Klein (1928):

> Descobrimos que conseqüências importantes decorrem do fato de o ego ainda estar pouco desenvolvido quando é atacado pelo início das tendências edipianas e a incipiente curiosidade sexual relacionada a elas. O bebê, cujo intelecto ainda não está bem desenvolvido, é exposto a uma avalanche de problemas e indagações. Um dos maiores sofrimentos que encontramos no inconsciente é que essas perguntas esmagadoras – que parecem ser apenas parcialmente conscientes e, mesmo quando são conscientes, ainda não podem ser expressas em palavras – permanecem sem resposta[33].

Essa sensação de não saber une-se à sensação de ser incapaz, impotente, incrementando, dessa forma, a frustração e o ódio. O corpo da mãe é o objeto de investigação sexual da criança. O impulso epistemofílico e o sadismo estão inicialmente em conexão. A autora denomina de fase de feminilidade a identificação inicial com a mãe, em ambos os sexos, ocorrendo no nível sádico-anal, sendo que

---

[33] Idem, p. 217.

as fezes passam a ser igualadas ao bebê que a criança espera ter. O desejo de roubar a mãe agora se aplica ao bebê, assim como às fezes. Aqui podemos perceber dois objetivos que se fundem um ao outro. Um é governado pelo desejo de ter filhos, e a intenção da criança é apropriá-los; o outro objetivo é motivado pelo ciúme de futuros irmãos, cujo surgimento é esperado, e pelo desejo de destruí-los dentro da mãe[34].

A partir desse momento, a trajetória de meninos e meninas segue rumos diversos. Para Klein, na fase da feminilidade, os meninos desejam possuir um órgão especial – os órgãos de reprodução da mulher.

As tendências de roubar e destruir estão ligadas aos órgãos de fecundação, gravidez e parto que o menino presume existirem na mãe, assim como à vagina e os seios, a fonte do leite, cobiçados como órgãos de receptividade e fartura desde o tempo em que a posição libidinal é puramente oral[35].

Por uma identificação inicial com a mãe – fase feminina –, o menino deseja ter e possuir bebês, assim como a mãe. Porém, percebe-se em desvantagem, não tendo a fisiologia necessária para tal. Acaba deslocando esse desejo para o plano intelectual. O que permite o deslocamento é a fusão do desejo

---

[34] Idem, p. 219.

[35] Idem, p. 219.

de ter um filho com o impulso epistemofílico[36]. O menino, depois o homem, investirá suas energias para realizações no plano intelectual. A boa resolução da fase da feminilidade no menino tem como consequência uma identificação saudável do homem com aspectos femininos. Caso ocorra a preponderância de sentimentos hostis, isso corresponderá na vida adulta a uma atitude de rivalidade com as mulheres; podendo desenvolver uma rivalidade intelectual com as mulheres, decorrente de sua inveja pelas capacidades criativas da mãe.

Penso que, mesmo considerando o deslocamento do desejo de ter um filho para o plano intelectual, esse, provavelmente, permanece no inconsciente com registros psíquicos da fase da feminilidade. A ambiguidade – admiração pela capacidade feminina de gerar bebês e ódio e inveja a esta – poderá permear a realização, na vida adulta, do desejo de ter um filho.

Nas meninas, esse desejo percorre outra trajetória. Klein (1932) relata que o desejo de ter um bebê substitui o desejo pelo pênis paterno, no sentido de objeto libidinal. As relações da menina com o pai ou com o pênis do pai influenciam primeiramente suas relações com os bebês imaginários e posteriormente com seus filhos reais.

---

[36] "Epistemofilia – A exigência por saber a respeito da sexualidade constitui uma experiência intensa para a criança, uma vez que, devido à inconsistência e desigualdade do desenvolvimento humano, a vida pulsional da criança acha-se disponível para sua experiência antes que esta esteja física ou socialmente madura para ter satisfações sexuais. Os primeiros textos psicanalíticos de Klein demonstram a estreita relação existente entre o sadismo e o desejo de conhecer [...]" HINSHELWOOD, R. D. (1992). *Dicionário do pensamento kleiniano*, p. 308.

INFERTILIDADE E REPRODUÇÃO ASSISTIDA 85

> sua atitude para com o filho imaginário ou real, além de ser
> ambivalente, acha-se carregada de certa quantidade de an-
> gústia que exerce uma influência decisiva sobre suas relações
> com o bebê. Este bebê imaginário, que proporciona proteção
> e auxílio à meninazinha, representa primariamente, em seu
> inconsciente, o "bom" conteúdo de seu corpo.

> [...] A meu ver, a necessidade de ter filhos, que é maior do
> que qualquer outro desejo, é tão intensa na menina peque-
> na porque a posse de filhos constitui um meio de superar a
> angústia e aliviar seu sentimento de culpa. Como sabemos
> as mulheres adultas não raro anseiam muito mais por um
> filho, do que por um parceiro sexual[37].

Ter um filho saudável é prova de que o interior de seu corpo não foi danificado pelas fantasias da menina de ataque ao
corpo materno e seu conteúdo – possíveis bebês. A situação
inversa – ter um filho anormal – confirmaria o dano e outros
temores fantasiados. É fato comum o receio das mulheres
grávidas de que seu filho possa apresentar alguma anomalia.
Tal receio tem um apoio na realidade, algumas investigações
diagnósticas durante a gravidez objetivam detectar possíveis
malformações. Penso ser apenas um apoio, pois algumas mulheres mesmo depois de confirmarem clinicamente que seu

---

[37] KLEIN, M. (1969). *Os efeitos das primeiras situações da angústia sobre o desenvolvimento sexual da menina.* p. 298-299. Destaques meus.

feto é normal continuam fantasiando com a possibilidade de um bebê com problemas.

Na fase da feminilidade, há um grande interesse, tanto em meninas como em meninos, pelo conteúdo do interior do corpo materno: o útero que pode conter bebês e o pênis do pai. Bebês invejados não só pelo desejo da criança de poder tê-los como também pela rivalidade fraterna. Há o interesse pelo pênis paterno que pode estar contido na mãe. Isso está descrito de forma concreta, como é o pensamento infantil. Colocando de outra forma: a criança interessa-se e, ao mesmo tempo, inveja a capacidade criativa dos pais e de seu relacionamento.

> A fase da feminilidade está saturada por uma atenção particular a assuntos internos e a uma necessidade específica de mobilizar solidariedade compensadora, amor e identificação com as mulheres e os interesses femininos. Este enfoque do que é interno constitui uma compreensão importante, que resultou na teoria em grande escala do mundo interno e dos objetos internos. Abranger também uma compreensão do desenvolvimento caracterológico do interesse das mulheres por seus interiores corporais e, a propósito, do interesse dos homens pelos interiores corporais das mulheres. (Hinshelwood, 1992)[38]

---

[38] HINSHELWOOD, R. D. (1992). *Dicionário do pensamento kleiniano*. p. 105.

A experiência da infertilidade contribuiu com a intensificação de fantasias de que há coisas estragadas no interior do corpo. Torna-se difícil imaginar e/ou fantasiar que um bebê possa instalar-se e desenvolver-se em um interior danificado – interior do corpo e do psiquismo.

Na fantasia "lá onde temos a liberdade de sermos onipotentes, imortais e bissexuais"[39] podemos gerar bebês imaginários tanto com a mãe, quanto com o pai; bebês que permanecem no inconsciente e que fazem parte do esteio psíquico no qual projetam-se os bebês reais.

As referências inconscientes da fantasia da cena primária, da sexualidade do casal parental, da diferença entre os sexos, da constelação edípica e da bissexualidade psíquica atualizam-se no desejo por um filho, ou seja, há algo vital para o psiquismo no desejo de ter um filho.

---

[39] McDOUGALL, J. (1997). *As múltiplas faces de Eros.* p. XVI.

# 3.

## Considerações sobre a infertilidade

### Infertilidade psicogênica: controvérsias contemporâneas

A infertilidade considerada psicogênica (de causa psicológica), nas mulheres, foi compreendida por autores psicanalíticos[1] como reflexo do repúdio inconsciente à feminilidade e à maternidade, assim como conflitos relacionados à sexualidade[2].

Nos textos de Pines (1990)[3] e Langer (1978)[4], a infertilidade psicogênica é consequência de conflitos inconscientes ligados à sexualidade, afetos ambivalentes em relação à maternidade,

---

[1] BENEDEK, T;.RUBENSTEIN, B. B. (1942), *The sexual cycle in women: the relation between ovarian function and psychodynamic processes*. Washington: National Research Council; KNIGHT, R. P. (1943). Functional disturbances in the sexual life of women: frigidity and related disorders. *Bolln. Menninger Clin.*, 7: 25-35; DEUTSCH, H. (1945). *Psychology of women. Volume II: Motherhood*. New York: Grune & Stratton; JACOBSON, E. (1946). A case of sterility. *Psychoanal. Q.*, 15: 330-50.

[2] APFEL, R. J.; KEYLOR, R. (2002). *Psychoanalysis and infertility: myths and realities*.

[3] PINES, D. (1990). *Aspectos emocionales de la infertilidad y sus remedios*.

[4] LANGER, M. (1978). *Maternidade e sexo*.

conflitos edípicos não elaborados e conflitos ligados à identidade de gênero. Pines (1990) escreve que a maioria das mulheres inférteis com que teve contato relacionava-se de forma conflituosa e frustrante com suas mães. "O fracasso em conceber numa mulher poderia ter sua origem numa precoce relação insatisfatória com a mãe"[5]. Mulheres inférteis, consciente ou inconscientemente, depreciam suas mães. Relata que as pacientes com infertilidade têm uma profunda ferida narcísica, regredindo a estados mais básicos da mente na situação de infertilidade. Langer (1978) conclui que "a falta de fecundação é a expressão de fatores psicológicos negativos para a gravidez"[6], tais como fixação na mãe, sentimentos de culpa, ambivalência diante da maternidade.

Recentemente, alguns autores têm questionado a compreensão da infertilidade como psicogênica, e entre psicanalistas temos: Lester (1995); Zalusky (2000); Apfel e Keylor (2002). Lester (1995)[7], psicanalista contemporânea, comenta que os recentes avanços na tecnologia de reprodução têm levantado sérias dúvidas sobre a prevalência desse diagnóstico. Atualmente, na literatura médica, a infertilidade feminina é compreendida predominantemente como um problema ginecológico, enquanto que na literatura psicanalítica o tema tem tido um interesse limitado.

---

[5] PINES, D. *Op. cit..* p. 230.

[6] LANGER, M. *Op. cit..* p. 146.

[7] LESTER, E. P. (1995). A *surrogate carries a fertilised ovum: multiple crossings in ego boundaries.*

Zalusky (2000)[8] considera que a nova tecnologia de reprodução está transformando nossos conceitos sobre fertilidade, principalmente no que se refere à compreensão da infertilidade psicogênica. A autora relata que vários psicanalistas compreenderam a infertilidade como decorrente de conflitos inconscientes relacionados, entre outros, à hostilidade com a figura materna, e que várias mulheres inférteis relataram ter tido um relacionamento difícil e conflituoso com suas mães. Por causa desses fatores, a feminilidade e/ou a maternidade podem ser inconscientemente repudiadas. Essa autora aponta para a importância de considerarmos, também, os conflitos presentes nos casais que concebem naturalmente; talvez conflitos semelhantes sejam observados. Devemos ter cuidado para não confundir dados que podem estar relacionados, com causalidade.

Atualmente, segundo essa autora, a literatura psicanalítica sobre infertilidade tem buscado a compreensão do sentido da infertilidade e não da sua causalidade. Reforça que estaremos em terreno mais firme ao examinarmos as consequências da infertilidade, e não suas causas. Ela relata que, mesmo aqueles psicanalistas que consideram o predomínio da infertilidade psicogênica concordam que o intenso *stress* da infertilidade pode promover regressões para estágios anteriores do desenvolvimento psíquico. A infertilidade pode evocar poderosas e

---

[8] ZALUSKY, S. (2000). *Infertility in the age of technology.*

assustadoras fantasias e estimular inveja, atingindo a personalidade como um todo.

Apfel e Keylor (2002)[9] fazem tanto um histórico do conceito de infertilidade psicogênica como trazem as contribuições mais recentes. Relatam que autores psicanalíticos dos anos cinquenta compreendiam a infertilidade nas mulheres como reflexo do repúdio inconsciente da feminilidade e da maternidade e a questões vinculadas a conflitos na sexualidade, já citados. Atualmente, menos de 5% dos casais não têm causa física para a sua infertilidade, e esse número vem decrescendo, à medida que o conhecimento médico avança. As autoras consideram que a relação entre estados psíquicos e funções fisiológicas é de enorme complexidade, e que não há uma simples, linear e direta relação causal.

Applegarth (1995)[10] compreende que, embora as consequências psicológicas da infertilidade sejam evidentes, é bem menos claro como os distúrbios psicológicos podem afetar a fertilidade. A autora considera a infertilidade psicogênica como uma teoria praticamente insustentável. Relata que há um grande interesse nas sequelas psicológicas da situação de infertilidade tais como o impacto na identidade de gênero e na sexualidade. Existem evidências de que a infertilidade pode causar *stress,* e este pode alterar funções fisiológicas, inclusive

---

[9] APFEL, R. J.; KEYLOR, R. (2002). *Psychoanalysis and infertility: myths and realities.*
[10] APPLEGARTH, L. (1995). *The psychological aspects of infertility.*

aquelas ligadas à fertilidade, formando, dessa maneira, um círculo vicioso que se retroalimenta.

Quanto à questão da causalidade psíquica implicada no termo infertilidade psicogênica, ou seja, de gênese psíquica, considero importante citar a forma como Odilon de Mello Franco Filho (1982) aborda a questão da causalidade na psicanálise:

> A psicanálise não é a ciência da causalidade psíquica. A psicanálise foi uma revolução no conhecimento, ao colocar a busca do sentido como objeto de ciência, e não a causalidade, como acontece no modelo das ciências naturais no qual se apoia nossa medicina[11].

Ao compreendemos a psicanálise como ciência do sentido e não da causalidade, o termo infertilidade psicogênica passa a não se enquadrar nessa referência. Como pesquisadora e psicanalista, estou interessada no sentido singular da experiência da infertilidade.

A situação de infertilidade parece reativar, ou pressionar, áreas psíquicas nos quais o conflito é inerente. Como relata McDougall (1997)[12]: "a sexualidade humana é inerentemente traumática", e o desejo de conceber um filho pertence a esse terreno. A experiência da infertilidade, inevitavelmente, parece estar acompanhada de conflitos ligados à sexualidade, à relação

---

[11] FRANCO Fo., O. M. (1982). O psicanalista e a medicina psicossomática. p. 46.

[12] McDOUGALL, J. (1997). As múltiplas faces de Eros. p. IX.

primária com a mãe e ao conflito edípico. Torna-se importante que as reflexões sobre infertilidade não fiquem aprisionadas em uma relação de causa e efeito. A complexa constelação psíquica da situação deve ser levada em conta.

Considerando a descrição de Pines[13] da constituição da identidade feminina – a dupla e oposta tarefa de identificar-se com a mãe e ao mesmo tempo diferenciar-se dela – fazem parte da condição de ser mulher e mãe conflitos com o genitor do mesmo sexo, claro que em diferentes intensidades. Parafraseando Markuschower[14] (1995), ser mãe é confrontar-se de uma só vez com o lote de seus conflitos. A maternidade pode ser uma grande conquista emocional na vida da mulher, já que implica na elaboração de conflitos psíquicos, especialmente aqueles vinculados à identidade feminina. Independente da possível causa da infertilidade – masculina, feminina, do casal, ou sem causa aparente[15] –, a experiência da infertilidade parece reativar fantasias e conflitos vinculados ao desejo de ter um filho, promovendo, dessa maneira, um tipo de potencialização desses.

Proponho uma mudança de vértice das questões levantadas a partir do diagnóstico de infertilidade psicogênica. Os fatores psíquicos identificados como causa da infertilidade – conflitos inconscientes ligados à sexualidade, afetos ambivalentes em

---

[13] PINES, D. (1990). *Aspectos emocionales de la infertilidad y sus remedios.*

[14] MARKUSCHOWER, S. S. (1995). *A feminilidade e a relação entre mãe e filha.*

[15] Para aqueles casais cuja causa da infertilidade não foi identificada usa-se a seguinte designação: ESCA (esterilidade sem causa aparente). Isso não quer dizer que a esterilidade não tenha causa, e sim que a causa não está aparente.

relação à maternidade, conflitos edípicos não elaborados e conflitos ligados à identidade de gênero – passam a ser compreendidos como núcleos psíquicos estimulados/reativados na experiência da infertilidade.

## Infertilidade: experiência potencialmente traumática?

Todo processo de crise pode reativar antigas angústias, promovendo abalos na estrutura psíquica do sujeito. Durante uma crise, principalmente quando prolongada, as defesas psíquicas podem se tornar menos efetivas em virtude do excesso de angústia mobilizado. Consequentemente, o funcionamento psíquico tende a enrijecer-se, empobrecendo seus recursos para lidar com a situação.

Tomando como referência alguns autores que refletiram sobre a situação de infertilidade, parece ser possível pensá-la como experiência potencialmente traumática de vida. Applegarth (1995)[16] destaca, em sua descrição da infertilidade, o fato de ela ser uma *"crise vital"*; Yin (1987)[17] refere-se a uma *"crise de vida"*; Jacob (2000)[18] "a uma experiência devastadora";

---

[16] APPLEGARTH, L. (1995). *The psychological aspects of infertility.*

[17] YIN, M. L. Y. (1987). *Aspectos psicológicos da esterilidade feminina.*

[18] JACOB, L. S. (2000). *Stress e ansiedade em casais submetidos à reprodução assistida.*

Gondim (2001)[19] considera a infertilidade algo que promove intensa pressão sobre o psiquismo: "A infertilidade é um tranco suficientemente forte para fazer ruir a defesa, ruir o equilíbrio, e inviabilizar a vida"; Pines (1990)[20] define-a como um profundo sofrimento emocional; Apfel e Keylor (2002)[21] citam o modelo proposto por Facchinetti *et al.* (1992)[22] em que o desejo insatisfeito de ter um filho é um evento estressante na vida de qualquer casal.

Referendada por esses autores, compreendo que a infertilidade possa ser uma situação potencialmente traumática de vida, estimulando e/ou reativando conflitos estruturais do psiquismo, promovendo um impacto considerável no mundo psíquico dos casais inférteis. Segundo Laplanche e Pontalis (1987), trauma ou traumatismo psíquico significam:

> Acontecimento da vida do sujeito que se define pela sua intensidade, pela incapacidade em que se encontra o sujeito de reagir a ele de forma adequada, pelo transtorno e pelos efeitos patogênicos duradouros que provoca na organização psíquica[23].

---

[19] GONDIM, M. C. B. (2001). *Determinantes socioculturais e seus efeitos sobre as representações do self num caso de infertilidade feminina.*

[20] PINES, D. (1990). *Op. cit.*

[21] APFEL, R. J.; KEYLOR, R. G. (2002). *Psychoanalysis and infertility: myths and realities.*

[22] FACCHINETTI, F. et al. Psychosomatic disorders related to gynecology. *Psychotherapy & Psychosomatics*, v. 58, p. 137-154, 1992.

[23] LAPLANCHE; PONTALIS (1992). *Vocabulário da psicanálise.* p. 522.

Destacam a importância de considerar a suscetibilidade própria do sujeito diante da situação traumática, ou seja, o sujeito responde ou reage à situação traumática segundo sua condição psíquica no momento. Os autores consideram à existência de acontecimentos que pela sua própria natureza são traumáticos – como a perda de um ser amado. A potencialidade patogênica de um acontecimento pode estar na sua violência e no seu súbito aparecimento. Os autores consideram que "os acontecimentos exteriores vão buscar sua eficácia nas fantasias que ativam e no afluxo de excitação pulsional que desencadeiam"[24].

Reportando essas considerações sobre os acontecimentos que poderiam ter um potencial traumático para o psiquismo, na experiência da infertilidade, dois fatores destacam-se: primeiramente, e talvez o mais importante, é o fato de a situação de infertilidade reativar antigas fantasias adormecidas. O segundo fator é de ser relativamente comum o diagnóstico de infertilidade ser feito após muitos anos do uso de contraceptivos, ou seja, o casal acreditava que sua capacidade de procriação estava intacta. Isso parece contribuir para a sensação de que o aparecimento da infertilidade é súbito. Para McDougall (1997),

> [...] um evento só pode ser caracterizado como "traumático"
> se der origem, subseqüentemente, a uma reorganização psí-
> quica de tipo sintomático. Além disso, um acontecimento da

---

[24] Idem, *Vocabulário da psicanálise*. p. 525.

atualidade, em geral, só vai se mostrar traumático na medida em que reative o trauma psíquico do passado[25].

A infertilidade é um acontecimento atual, mas o desejo de ter um filho origina-se da sexualidade infantil. Se, para essa autora, "a sexualidade humana é inerentemente traumática", citado anteriormente, talvez seja inescapável à experiência da infertilidade um potencial traumático considerável. McDougall (1997)[26], investigando as questões relacionadas ao trauma e à criatividade considera que

> [...] é compreensível que qualquer distúrbio traumático do funcionamento somático ou da integridade corporal, especialmente quando atinge as funções sexual e reprodutiva, possa ter profunda influência nas inibições artísticas e intelectuais.

A autora não está investigando a infertilidade, mas sua colocação mostra que o sofrimento somático da infertilidade pode ter outros desdobramentos incapacitantes. A infertilidade biológica pode estender-se para outros campos de realização do sujeito, que poderiam estar preservados, mas também foram "contaminados" pela falta de fertilidade.

---

[25] McDOUGALL, J. (1997). *As múltiplas faces de Eros.* p. 123.

[26] Idem, p. 124.

O sofrimento psíquico provocado pela situação de infertilidade é de tal intensidade que poderíamos designar como potencialmente traumático. Podemos encontrar reativação de funcionamentos psíquicos arcaicos e de fantasias, decorrentes da exposição a procedimentos médicos e ao próprio diagnóstico de infertilidade.

Yin (1987) escreve:

> A descoberta pela mulher da incapacidade de realizar o seu papel biológico procriativo pode constituir um trauma para ela, provocando um desequilíbrio emocional interno e até mesmo desencadeando uma crise de vida. Isso porque a esterilidade, além de representar para a mulher a perda da fertilidade propriamente dita, pode simbolizar muitas outras perdas: a perda da experiência da gravidez, a perda de filhos, a perda da continuidade genética e a perda da função materna em cuidar do filho[27].

A infertilidade pode ser vivida como a perda de uma importante capacidade – a de procriação. O casal infértil pode, momentaneamente, "adoecer" em termos psíquicos, para fazer frente ao grande desafio do processo de elaboração da perda da capacidade que acreditava ter, e à qual identificava-se. Existe o risco de que esse processo não seja apenas

---

[27] YIN, M. L. Y. (1987). *Aspectos psicológicos da esterilidade feminina.* p.23. Grifos meus.

momentâneo, o sujeito pode ficar "aprisionado" na situação. Consequentemente, estados de depressão podem eclodir, ou seja, a infertilidade pode ser compreendida como uma situação potencialmente traumática. A perda da capacidade reprodutiva promove um abalo considerável na economia narcisista do sujeito, justamente por ser um importante referencial identificatório de feminilidade e masculinidade.

## Identidade de gênero e infertilidade

> *Aquilo que constitui a masculinidade ou a feminilidade é uma característica desconhecida que foge ao alcance da anatomia.*
> Freud (1933 [1932])

O fato de possuirmos um órgão sexual feminino ou masculino não é garantia para sermos homens ou mulheres, a anatomia é impregnada de elementos fantasmáticos[28]. Sexo e gênero, embora interligados, são entidades separadas[29]. A identidade masculina e a feminina são construídas ao longo do desenvolvimento a partir de uma rede complexa de influências identificatórias, na qual os pais têm influência significativa, como descreve McDougall (1999):

---

[28] CECCARELLI, P. R. *Diferenças sexuais...? Quantas existem?* In: CECCARELLI, P. R. (Org.). *Diferenças sexuais.* p. 151.

[29] PERSON, S. E.; OVESEY, L. (1999), *Teorias psicanalíticas de identidade de gênero.* In: CECCARELLI, P. R. (Org.). *Diferenças sexuais*, p. 121.

Acrescento que podemos seguramente propor que a realização destas duas identidades fundamentais – por exemplo, nossa identidade de gênero, assim como nosso senso de identidade sexual – não são de forma alguma transmitidas por herança hereditária, mas pelas representações psíquicas transmitidas, em primeiro lugar, pelo discurso de nossos pais, juntamente com a importante transmissão proveniente do inconsciente biparental – ao qual, mais tarde, é adicionado o input do discurso sociocultural do qual os pais são uma emanação[30].

A capacidade reprodutiva é, também, um importante referencial identificatório de feminilidade e paternidade. A maternidade e a paternidade fazem parte dos referenciais de feminilidade e masculinidade da cultura. Diz a sabedoria popular, que as mulheres tornam-se mais femininas ao ser mães, e que os homens provam potência ao engravidarem suas parceiras, ou seja, faz parte culturalmente da identidade de gênero a capacidade de conceber, gestar e criar filhos. O desejo de sermos pais como nossos pais floresce de nossa trama identificatória; e os sentidos possíveis de ser homem e de ser mulher perpassam as funções parentais.

---

[30] McDOUGALL, J. (1999). *Teoria sexual e psicanálise*. In: CECCARELLI, P. R. (Org.). *Diferenças sexuais*. p. 15.

Segundo Pines (1972)[31], a primeira gravidez constitui uma prova da identidade de gênero. Em termos fisiológicos, é a confirmação para a mulher de ter um corpo maduro e capaz de procriar. A capacidade de procriação parece ser um significativo referencial da identidade de gênero. Ser pai ou mãe na vida adulta é um projeto do uso de uma capacidade – a de procriação – que ficou postergado para realização futura. Quando o momento imaginado chegar, o momento sonhado de ter um filho, o casal será capaz de realizá-lo. A capacidade biológica e psíquica de ter um filho pode ser "guardada" por muitos anos, até que se decida a fazer uso dela. Talvez seja um de nossos primeiros projetos na vida sermos pais como nossos pais o foram. É comum o casal imaginar que esse "tesouro guardado" está intacto, imune à ação do tempo e de outros fatores desfavoráveis. O diagnóstico de infertilidade costuma ser uma desagradável e terrível surpresa.

Pines (1990)[32] relata o profundo sofrimento emocional que esses pacientes experimentam. A capacidade de reprodução e a consciência desta são partes importantes da autoimagem e da identidade de gênero. Observa, a partir da análise de pacientes que tiveram abortos espontâneos, que, mesmo depois de muitos anos do evento, as pacientes revelavam frequentemente uma prolongada depressão, perda da autoestima e rejeição a seus corpos femininos que não deram a elas bebês vivos, como

---

[31] PINES, D. (1972). *Pregnancy and motherhood: interaction between fantasy and reality.*

[32] PINES, D. *Aspectos emocionales de la infertilidad y sus remedios.*

haviam feito suas respectivas mães. A autorrepresentação dessas pacientes estava danificada, ou seja, a experiência da infertilidade promove abalos nos referenciais identificatórios de feminilidade e masculinidade.

# 4.

# ALGUNS DESAFIOS TÉCNICOS NO ATENDIMENTO DE CASAIS INFÉRTEIS

*Há pouco progresso técnico que não seja utilizado*
*para fins mortíferos.*
André Green, 1988

Nas clínicas particulares de reprodução humana, os pacientes costumam ser encaminhados pelo médico que os acompanha para atendimento psicológico. Algumas clínicas possuem em seu quadro de profissionais um psicólogo que faz parte da equipe, sendo que o acompanhamento psicológico costuma ser sugerido aos pacientes. Nos casos de doação de gametas e/ou de doenças genéticas, o psicólogo pode Nos serviços públicos de reprodução humana, o psicólogo nem sempre está presente, mas quando existe um profissional, geralmente, ele é inserido nos procedimentos de reprodução assistida, ou seja, o atendimento psicológico passa a fazer parte da rotina do paciente. Considero isso um benefício, algo que facilita o acesso dos casais ao atendimento pelo profissional da área de saúde mental.

Quando o casal infértil é encaminhado para o psicólogo externo[1] ao serviço de reprodução assistida, isso pode facilitar uma atitude reativa ao atendimento, como se, além dos problemas estigmatizantes da infertilidade, outro se acrescentasse. Talvez esses pacientes se sintam sobrecarregados com mais um diagnóstico: problemas psíquicos. É comum interpretarem o encaminhamento do médico para um psicólogo como um diagnóstico implícito de infertilidade psicogênica. Pode acontecer de o paciente desligar-se do profissional que fez a indicação, promovendo receio nos médicos quanto ao encaminhamento para o atendimento psicológico.

O serviço de reprodução humana, que tem o profissional da área de saúde mental presente em sua equipe, parece considerar, de forma mais explícita, a infertilidade como experiência que potencialmente promove um abalo na estrutura psíquica. Fato esse que pode facilitar a aceitação do atendimento pelos casais, não importando, dessa maneira, se o atendimento seja feito dentro ou fora do serviço, ou seja, fica a critério do paciente optar pela situação mais confortável para ele.

Applegarth (1995)[2] faz algumas considerações sobre as vantagens e desvantagens do profissional da área de saúde mental (psicólogo, psicanalista, psiquiatra) ser um membro

---

[1] Geralmente, o psicólogo externo é o que atende em consultório particular.

[2] APPLEGARTH, L. (1995). *The psychological aspects of infertility.*

da equipe médica ou um profissional externo. As vantagens são (do profissional externo ao serviço): alguns pacientes sentem-se mais confortáveis com profissionais que não estejam diretamente ligados ao serviço de reprodução humana; pode ser mais fácil tecnicamente não estar diretamente vinculado às dinâmicas internas da equipe médica. Como vantagens de pertencer à equipe médica temos: os pacientes costumam preferir a conveniência de estar próximos ao profissional da área de saúde mental e acreditam que esse compreenderá melhor os vários aspectos de seu tratamento de infertilidade; o fato de estar em contato com as dinâmicas internas da equipe pode evitar falhas na compreensão da situação; o profissional pode colaborar para que tanto médicos como pacientes tenham uma melhor perspectiva da evolução do caso.

Essa autora sugere que o profissional da área de saúde mental possa ser um consultor da equipe médica, colaborando com as dinâmicas grupais e proporcionando melhores condições emocionais para os profissionais envolvidos na situação, ou seja, Applegarth parece ter como provável pressuposto que os profissionais da área médica, quando acolhidos em suas angústias, têm melhores condições psíquicas para oferecer um ambiente continente às intensas demandas emocionais dos casais inférteis.

Para o profissional inserido na equipe médica penso ser importante considerar a disponibilidade de cada paciente a esse atendimento, pois a demanda destes é de um serviço médico e não psicológico. Sugiro que o atendimento aos casais inférteis deveria ser efetuado por um "especialista da área clínica" (psi-canalista, psicólogo, psiquiatra), em virtude do difícil acesso a áreas de conflito em pacientes fragilizados. Muitos estão extremamente defendidos do contato com o conflito psíqui-co, exigindo maior habilidade clínica. O atendimento poderá ser do casal ou de um dos membros, conforme solicitação e disponibilidade.

O trabalho do profissional de saúde mental que está dentro da equipe e o daquele que está fora têm diferenças consi-deráveis. Aquele que faz parte de uma equipe médica pode exercer várias funções além do atendimento aos pacientes: ser consultor da equipe, trabalhar a dinâmica interna desta, oferecer apoio e orientação psicológica para seus membros. Para estes, o atendimento aos pacientes também passa a ter algumas características: podem ser atendimentos pontuais que geralmente não têm um *setting* específico, a relação analítica (transferência/contratransferência) passa a ter "infiltrações", "contaminações", das complexas relações da equipe médica, da qual o profissional da área de saúde também passa a fazer parte. Nesse caso, forma-se uma complexa rede transferencial, exigindo do profissional maior atenção e habilidade, além da presença de um supervisor. O profissional externo ao serviço de reprodução humana tem o privilégio de resguardar as ca-racterísticas de seu *setting* analítico, propiciando, dessa forma, uma situação privilegiada para que possam emergir as mais recônditas fantasias.

O encaminhamento feito pelo médico, para o consultório do psicanalista, tende a seguir o "caldo" transferencial no qual se encontra a relação médico/paciente, pelo menos nos contatos iniciais. Os casais procuram o psicanalista da mesma forma como procuram o médico, para que ambos (médico e psicanalista) os engravidem, em termos concretos. Aos poucos, torna-se possível uma fertilização de ideias e sentidos.

Alguns casais podem desenvolver o que chamamos de transferência erótica com o profissional da área médica, e isso pode ser um reflexo do fato de que, no inconsciente, o desejo de conceber está intimamente vinculado à sexualidade. Nos homens, pode ocorrer intensa rivalidade edípica com a pessoa do médico (quando este é do sexo masculino), provavelmente reativada pela situação de infertilidade – é o médico que engravidará a esposa que tem a potência de fazê-lo.

Lester (1995)[3] observa que é comum encontrarmos, em mulheres submetidas a tratamentos de infertilidade, uma transferência positiva intensificada com o profissional da área médica e fantasias sexuais com ele. Questões essas que podem ser mais amplamente investigadas, até mesmo as possíveis diferenças transferenciais relacionadas ao fato de o médico ser homem ou mulher[4]. Quando os procedimentos recomendados pelo médico falham em alcançar a gravidez, o casal, ou um de

---

[3] LESTER, E. P. (1995). A surrogate carries a fertilised ovum: multiple crossings in ego boundarie.

[4] Interessante pontuar que a grande maioria dos profissionais especializados em reprodução humana são homens.

seus membros, pode desenvolver forte transferência negativa com o médico, e também com o profissional da área de saúde mental, ocasionando um tipo de peregrinação por diferentes clínicas de reprodução assistida. O bom médico, cobiçado nessa busca, é geralmente uma figura idealizada, é aquele que "engravida a mulher", expressão usada pelos pacientes.

Considero importante os serviços de reprodução humana terem profissionais da área de saúde mental como colaboradores. O lugar – externo/interno – vai depender de como a equipe médica, os pacientes e o profissional sintam-se confortáveis para trabalhar. Depende, também, da disponibilidade e interesse no mundo psíquico das pessoas envolvidas.

A psicanalista Zalusky (2000)[5] aponta para as dificuldades morais e éticas advindas dos procedimentos em reprodução assistida em que, inevitavelmente, o analista passa a estar implicado, além das angústias e fantasias primárias evocadas. Relata a possibilidade de que, nessas situações, a fronteira estabelecida entre realidade e fantasia pode atenuar-se ou até ser ultrapassada. Descreve ser frequente a idealização feita, pelas pacientes, dos médicos capazes de criar vida. Termina seu texto colocando que a nova tecnologia de reprodução humana avança mais rapidamente que a capacidade mental humana de assimilar seus significados e sentidos, ampliando as fronteiras do possível, e podendo estimular angústias e fantasias onipotentes,

---

[5] ZALUSKY, S. (2000). *Infertility in the age of technology.*

tanto nos pacientes como nos analistas, criando, dessa maneira, um desafio único no processo analítico.

Apfel e Keylor (2002)[6], psicanalistas americanas, apontam para a importância de ser considerada a situação reprodutiva do analista que atende pacientes com infertilidade. Caso o analista esteja satisfeito com sua maternidade/paternidade, ocasionalmente pode ocorrer sentimento de culpa ou anseio para que o paciente esteja em uma situação similar. Se o analista também está lidando com problemas de infertilidade, tanto uma gravidez quanto perdas gestacionais em seus pacientes podem ser situações repletas de conflito psíquico. As autoras relatam, a partir de suas experiências clínicas com pacientes inférteis, que a exploração de fantasias e sentimentos é algo mais mutativo do que qualquer busca de causas intrapsíquicas da infertilidade. Oferecer continência ao trauma e às angústias suscitadas pelos procedimentos médicos, colaborar com a decisão do casal de quando e por que parar com tais procedimentos são aspectos de um contato real com as necessidades destes.

---

[6] APFEL, R. J.; KEYLOR, R. G. (2002), *Psychoanalysis and infertility: myths and realities*.

# 5.

## Ilustrações clínicas

Todos os casais que estavam no processo de reprodução assistida desejavam um filho, mas para cada um esse filho tinha diferentes representações. A própria situação de infertilidade promove mudanças na representação psíquica do filho sonhado, imaginado.

### Armando e Neuza[1], um buquê de rosas vermelhas

Armando e Neuza estão casados há muitos anos; evitaram a concepção de um filho por dez anos. Neuza comenta: "Queríamos ver se a gente ia dar certo para depois pôr um filho no mundo. Ficávamos com medo de ter um filho e nos separarmos. O nosso relacionamento é muito bom, nós vivemos um para o outro".

---

[1] Os nomes são fictícios e os dados objetivos foram alterados para preservar o anonimato dos sujeitos.

Algumas questões surgem dessa fala. Há espaço psíquico para um filho, já que o casal vive um para o outro? Parece existir a fantasia de que o filho separa o casal, provavelmente decorrente da experiência deles como filhos. Os dez anos que Neuza e Armando evitaram a concepção podem ter tido a função de amenizar e/ou modificar essa fantasia do filho que vem para separar o casal. Se pensarmos que o filho insere os pais em uma relação triangular, talvez esse seja um receio inconsciente do casal.

Há cinco anos optaram por ter filhos, e a infertilidade parece ter sido uma desagradável surpresa. Estão em tratamento há dois anos, e foi diagnosticado que Neuza não ovulava, com Armando estava tudo bem. Antes do meu primeiro contato com Neuza, já tinha algumas notícias dela, por meio do médico e da enfermagem. Ela engravidou na sua primeira tentativa em reprodução assistida, abortando antes do terceiro mês de gestação. A equipe médica relatava um certo incômodo com o fato de Neuza sempre comparecer ao ambulatório acompanhada de sua sogra. Segundo o relato do médico, a sogra participa das consultas. Durante o tempo (seis meses) que acompanhei Neuza no ambulatório, o médico não permitiu a entrada da sogra nas consultas e nos exames.

Em nosso primeiro encontro, Neuza relatou-me que tinha muito medo de abortar novamente. Durante sua primeira gestação, tinha fortes dores, sendo que na ocasião o médico esclareceu serem normais. No dia em que abortou, sentiu dores intensas. Neuza refere-se a esses acontecimentos com exatidão nas datas, comenta que o médico que a acompanha, e que tinha feito o tratamento, não estava no ambulatório. Faz alusão à seguinte fantasia: se ele estivesse no Hospital provavelmente o aborto não ocorreria. Relata que ficou deprimida depois de ter abortado, e precisou fazer uso de medicamentos antidepressivos.

Ao longo de nossos encontros, Neuza falou-me de como as dores da gravidez e do aborto tinham ficado confusas para ela: "Será que é normal sentir dor, será que eu vou sentir tanta dor? Acho que eu senti dor porque ele estava morrendo. Tenho medo de não conseguir, de perder o bebê novamente, a gente não sabe a causa do aborto, se teve alguma coisa comigo... Nunca pensei que eu poderia abortar, nunca pensei na perda".

A possibilidade da perda era impensável para Neuza, torná-la pensável era um desafio. Neuza estava novamente fazendo o tratamento, precisava de um novo espaço psíquico para outro filho, cuja história ainda estava por ser escrita. O aborto e sua dor, física e psíquica, estavam ainda muito presentes. Ela reconheceu, em nossos encontros, significativa ajuda para a elaboração do luto desse filho (para ela já era um filho) que não se desenvolveu. O fato de compartilhar seu sentimento de culpa em relação ao aborto promoveu um certo alívio e necessária separação psíquica do filho abortado.

É importante destacar que engravidar, levar uma gestação a termo, pode estar associado a ser ou não capaz; a mulher que consegue é capaz, a que não consegue é incapaz. Experiência frequentemente relatada por outras mulheres do ambulatório e expressa por Neuza: "tenho medo de não conseguir".

Quanto ao poder mágico de que o médico estava investido – se ele estivesse presente o aborto não ocorreria – ficou somente a minha observação silenciosa e pensamentos sobre o assunto. O objeto idealizado, no caso o médico, está vinculado às fantasias persecutórias? Provavelmente sim, é necessária uma figura onipotente para fazer frente às fantasias persecutórias de Neuza. Fazendo uso da teoria kleiniana, podemos pensar que a experiência da infertilidade intensifique fantasias persecutórias vinculadas à não concepção, e à inescapável ambiguidade do desejo de ter um filho.

Neuza fez alguns comentários que considero significativos para a compreensão da experiência dos casais que estão em tratamento: "O bebê está em primeiro, as outras coisas vêm depois, eu já esperei tanto". Quando um filho é desejado, e apesar das tentativas de concepção esse desejo não se realiza, ocorre um hiperinvestimento no projeto de um descendente. Como Neuza conta, todos os outros projetos, investimentos da vida, ficam em segundo plano. Alguns pacientes referem-se à sensação de que suas vidas estão paralisadas, à espera da gravidez e do filho tão sonhado.

Ela relata que há alguns anos (antes dos tratamentos), sonhou que teria três filhos: uma filha, um menino que teria o nome do pai e uma terceira filha. Comenta em nossos encontros: "acho que três filhos vai ser pouco". Ser pouco para o seu desejo hiperinvestido de ser mãe. Parece que quando ocorrem dificuldades para realizar o desejo de ter filhos, este pode se acentuar, como o apetite refreado sem se ter escolha.

As relações sexuais também podem ficar hiperinvestidas. Neuza diz: "Tenho muito mais relações para tentar engravidar, meu marido me chama de interesseira. Eu tenho relações várias vezes ao dia para tentar engravidar". O relacionamento sexual do casal fica invadido pelo projeto de um filho, é o sexo para engravidar. O desespero aparece na compulsão. Como a união sexual e afetiva desse casal não gera descendentes! Experiência emocional que parece ser intolerável.

Neuza traz a ideia do filho como um presente divino: "eu presenteei um filho para Deus, agora Ele vai me presentear com outros". É uma imagem quase bíblica, um filho é ofertado a Deus para que outros possam vir. Várias pacientes do Ambulatório fizeram comentários semelhantes.

Em nosso terceiro encontro, após o procedimento, Neuza parece tentar controlar suas expectativas de gravidez: "Esse mês não estou muito esperançosa, vou aguardar novas tentativas. Estou com cautela, quero esperar para ver". O período de espera do exame para constatar a gravidez foi considerado por pesquisadores como um dos mais difíceis nos tratamentos de infertilidade[2]. Apesar de ser uma espera difícil, na qual muitos casais tentam se proteger amenizando as expectativas de gravidez, como Neuza, esse é um momento em que ainda existem esperanças. O fracasso em alcançar a gravidez, depois de tanto investimento e dedicação, é dramático.

---

[2] JACOB, L. S. (2000). *Stress e ansiedade em casais submetidos à reprodução assistida.*

Nesse encontro, ela relata o seguinte sonho: "Sonhei há dois dias que a minha mãe estava ganhando um bebê, ela quase que estava desmaiando. Eu fiquei chamando ela – mãe, mãe. Depois do parto ela desfaleceu". Podemos compreender esse sonho sob diversos ângulos que não se excluem. O mais imediato é a associação entre parto e morte, acontecimento não tão frequente na atualidade, mas possível. A cisão do nascimento pode ser vivida como uma separação insuportável, não há nada além desse umbral. Portanto, associada à morte, ou seja, morte de uma relação exclusiva e simbiotizada com a mãe. A sonhadora pode identificar-se com o bebê que vem para desfalecer a mãe, e, nesse sentido, não é desejável um bebê que venha desfalecê-la. Neuza pode, também, ter deslocado para a mãe a realização do seu desejo de ser mãe e seu medo de não sustentar física e psiquicamente a cisura do nascimento.

Em nosso quarto encontro, ela diz que está grávida, com um sorriso tímido e um rosto muito pálido e emagrecido. Passa uma boa parte do tempo fazendo queixas de como está sentindo--se mal. "Eu fico preocupada de não parar nada no estômago, como eu vou me alimentar. Preciso passar força para o bebê, se eu não estou me alimentando, fica difícil. Estou preocupada de não conseguir alimentar o meu filho". Parece não confiar na sua capacidade de alimentar seu filho, tanto em termos concretos quanto em termos subjetivos. Se ela não consegue prover a si mesma, como poderá prover um filho?

O dado que tive inicialmente – a presença constante da sogra e o incômodo da equipe médica com tal fato – começou a fazer sentido. Neuza tinha um vínculo de dependência, com caráter infantil, em relação à sogra e, talvez, ao marido também. Comentou que a sogra era sua segunda mãe. São eles que zelam por ela, como se ela não confiasse na sua capacidade de cuidar-se. Com sua mãe e irmãos tinha um relacionamento distante e formal; demorou algumas semanas para noticiar a gravidez para sua mãe e outras pessoas da família de origem.

Poucos foram os momentos em que ela manifestou alegria pelo fato de estar grávida, a preocupação e o medo de abortar predominavam. Relatou que o marido não podia vê-la em pé, queria que ela ficasse deitada o tempo todo. Provavelmente, esses sentimentos também predominavam no marido. O esposo não compareceu ao ambulatório, em momento algum, apesar de ter sido solicitada a sua presença, tanto por mim quanto pelo médico. Neuza estava sempre acompanhada da sogra, sua segunda mãe.

Em Jornada de Psicologia em Reprodução Humana (2002)[3], constatou-se que é das experiências de vários profissionais, que trabalham na área, o fato de que a gravidez alcançada após infertilidade tende a ser conturbada por diferentes angústias. Qualquer gravidez pode ser um período em que as angústias e ansiedades se acentuam, mas a observação leva-nos a considerar que a gravidez após tratamentos de infertilidade pode ser ainda mais conflitiva. O caso de Neuza confirma essa consideração.

---

[3] II Jornada de Psicologia em Reprodução Humana, 31 de agosto de 2002.

O intenso enjoo de Neuza parecia ter o significado de tornar presente a gravidez – se ela sentia enjoo é porque estava grávida; apalpava os seios inchados com frequência para confirmar. Queria fazer o exame de ultrassom para ver o bebê, sempre que se sentia insegura e na dúvida de que o bebê estava realmente bem. "Tenho vontade de estar sempre no médico para confirmar que está tudo bem". As confirmações do médico de que tudo corria bem pareciam trazer alívio momentâneo. Rapidamente o medo de perder o bebê, de não conseguir levar a gravidez a termo, predominava.

Neuza diz: "Eu fico fantasiando muita coisa. Não sei quando vai acontecer, mas uma hora vai acontecer (aborto)". Apesar de tamanho sofrimento, ela se apresentava indisponível para um maior contato com essas fantasias, estava extremamente assustada, realmente acreditando que suas fantasias se confirmariam, tudo era questão de tempo. Em nosso último contato diz: "Se Deus está conosco, quem estará contra nós?", ou seja, um intenso sentimento de persecutoriedade, que também se manifestou em relação às outras mulheres do ambulatório, aquelas que não estavam grávidas.

Assim que Neuza soube da gravidez, isolou-se. Passou a não conversar com as outras mulheres na sala de espera, o que era um hábito seu. Pergunta para mim: "Será que elas vão ficar com raiva de mim?" Provavelmente antes de engravidar, Neuza sentia raiva e inveja de mulheres grávidas, sentimento projetado nas mulheres não grávidas do ambulatório. É como se fossem grupos que não podem se misturar, as mulheres grávidas – abençoadas – e as inférteis – amaldiçoadas.

Neuza relata o seguinte sonho: "No dia que era para descer a menstruação, eu sonhei que meu marido chegou com um buquê de rosas vermelhas, e que ao lado dele, no carro, estava um menino". O sangue da menstruação transformara-se em um buquê de rosas vermelhas. Há um menino no carro – no útero. Por meio do sonho, Neuza pôde manifestar seu contentamento por estar grávida.

## Francisco e Cristina, os bebês roubados

Francisco e Cristina estão casados há mais de dez anos. Sempre desejaram filhos, nunca evitaram a concepção. Estão sendo acompanhados no ambulatório há muitos anos, e ambos apresentam disfunções funcionais que impossibilitam a concepção natural.

Em nosso primeiro encontro, Cristina demonstra apreensão pelo fato de o marido não estar presente. Justifica-se várias vezes, e relata que na sua primeira tentativa o marido precisou comparecer ao ambulatório para confirmar que realmente estava ciente do tratamento e também desejava um filho. Tenho a impressão de que ela está se sentindo obrigada a estar comigo, como o marido que foi obrigado a comparecer ao ambulatório.

Cristina comenta que ficou arrasada quando soube do resultado negativo do tratamento. Para consolar-se, decidiu colocar sua irmã e respectiva família para morar com ela. "Eu tenho uma sobrinha, é como se fosse a minha filha. Ela até me chama de mãe, mas eu me preocupo, será que ela vai embora quando crescer? Não é da gente. Quando minha irmã nasceu eu já era crescida, hoje ela é minha filha, ela e a minha sobrinha. Somos muito unidos".

Somos muito unidos ou confundidos! A confusão é evidente. Será que confundidos e fusionados se torna possível para os membros dessa família camuflar faltas e frustrações? A tentativa de Cristina é proteger-se da falta insuportável de um filho, da frustração de não poder gerá-lo. A sobrinha passa a ter duas mães e dois pais. Situação dramática para uma criança, geradora de sentimentos de culpabilidade insustentáveis.

Cristina parece impregnada de frustração e desespero, sendo que reage a esses sentimentos de forma onipotente: "Eu vou até o fim, se eu tivesse muita grana eu conseguiria engravidar". A paciente queixa-se das pressões familiares para que tenham filhos: "eu não comentei nada para a família sobre o tratamento. A família cobra muito, falam que um casal sem filhos não tem sentido. Não me importo, quem cala, vence". Será que para Cristina seu casamento tem sentido sem a presença de filhos? Parece que ela também se questiona sobre isso, de forma deslocada, usando como mecanismo de defesa a projeção do conflito nos membros da família. O filho como triunfo expressa-se no fim da fala – quem cala, vence.

Algumas pacientes relataram a descrença quanto à possibilidade de engravidarem sozinhas, ou seja, sem o tratamento e sem o médico. Sendo que o profissional da área médica reforça, recomenda que os casais tenham relações sexuais, no período fértil, nos seis meses seguintes ao procedimento, período denominado de rebote, para aqueles casais que têm, também, chances de conceber naturalmente. Cristina fez o seguinte comentário sobre isso: "Tanto tempo tentando no natural, e nada. A gente sempre teve relações no dia certo da ovulação e nunca engravidei. Acredito mais no tratamento". Talvez esse seja um efeito iatrogênico do tratamento. Os pacientes ficam desacreditados de conceberem por meio de uma relação sexual, ficam com a seguinte referência: se durante o tratamento submeteram-se a tantos procedimentos para engravidar, e mesmo assim não alcançaram o objetivo, como é possível conceber sem toda essa assistência, "no natural?", ou seja, a tecnologia de reprodução humana passa a ter um tipo de poder mágico.

A adoção de uma criança foi um tema abordado por várias pacientes, e também por Cristina: "Pelo meu marido a gente já teria adotado, mas para mim, não, primeiro o meu, se não der... tenho vontade de ter o meu e depois adotar". Cristina parece precisar realizar coisas importantes para ela por meio da concepção e gestação de um filho biológico. A capacidade de conceber e de gestar estão em jogo, a herança genética também. Tanto que ela faz um tipo de adoção em família, adota a irmã e a sobrinha.

Em um de nossos encontros, a paciente diz: "Acho que o médico fica escondendo uma notícia ruim. Será que eu tenho um tumor?" Um tumor pode ser psiquicamente mais aceitável que a ausência da gravidez por razões não tão dramáticas. Ela precisa justificar para si mesma a ausência de um filho biológico.

Após a confirmação de que Cristina não engravidara na segunda tentativa comenta: "Achei que o médico me desenganou, minhas pernas amoleceram, estava difícil ficar em pé". Não há vida sem filhos biológicos! Parece ser esta a vivência de Cristina, desenganada. Porém, ainda existem esperanças – o médico e a tecnologia de reprodução humana: "[...] eu não consegui, mas estou torcendo para que outras engravidem, é uma esperança para a gente". Acreditar no método, no médico, que é possível engravidar daquela maneira: "eu vi uma paciente do doutor com o bebê, ela veio para mostrar para ele".

Dando continuidade ao nosso encontro, Cristina comenta que o marido trouxe um bebê para ela, logo após o resultado negativo. Diz que ele já tinha trazido, em outros momentos, vários bebês para ela pegar, mas que ela não quis. A impressão é de algo ilícito, de fantasias de roubo de bebês. Você quer um bebê? Sim, pois não, aqui está um. Não fique triste, aqui está um bebê para você! Em seguida a esse comentário ela começa a falar novamente da sobrinha: "eu não sei quem vai ficar com essa criança, meu marido comenta que é dele", ou seja, a apropriação indébita é em família, com lastro biológico. Não é possível pensar, elaborar, a dor: talvez eles não tenham filhos biológicos.

## Eduardo e Irene, adotar verbo transitivo

> *"Todo filho bem-vindo*
> *É necessariamente*
> *Filho do coração.*
> *Muitos nascem do mesmo corpo*
> *A que esse coração pertence.*
> *Outros não."[4]*

Eduardo e Irene estão tentando um bebê há mais de dez anos. Ela tem ciclos anovulatórios, ele não tem problemas. Em nosso primeiro encontro Irene diz: "Hoje eu sou uma pessoa mais experiente, antes eu ficava pensando: por que será que somente eu não tenho filhos? Todos têm filhos, somente eu fiquei para trás. Toda mulher tem vontade de ter filhos, se eu não tiver, paciência. Eu tenho consciência, se eu não ficar grávida eu vou me conformar". Ela parece estar se esforçando para aceitar a possibilidade de que, talvez, não tenha filhos biológicos. Expressa que percorreu uma trajetória, porém, ainda parcial, de elaboração da situação de infertilidade – "hoje sou mais experiente". Refere-se à sensação (pertencente ao seu passado?) de ficar para trás por não ter tido filhos. Sensação também relatada por outras pacientes do ambulatório.

Irene diz: "*Eu e meu marido temos em mente que se não conseguirmos engravidar, vamos adotar. Até o dia que o doutor achar*

---

[4] VASCONCELLOS, M. C. B. C., trabalho não publicado.

*que vale a pena tentar, eu tento. É filho do mesmo jeito, amor é convivência, meu marido quer muito também. Eu conheço criança adotada que é a cara do pai, para mim não importa que não vai ter o sangue"*. É gratificante ouvir, observar as conquistas emocionais de Irene. Ela está se preparando para uma adoção, provavelmente, bem-sucedida. A maneira como se refere ao marido – é o casal que engravida, é o casal que adota – destacou-a, em termos de maturidade psíquica diante da situação de infertilidade, de outras pacientes. Apenas na questão de quando decidir parar de tentar um filho biológico e entrar no processo da adoção, ela deixou a responsabilidade na mão do médico, é ele que decide. Talvez ela ainda precise de tempo para elaborar que provavelmente não terá filhos biológicos, e partir para adoção.

Irene relata que tem uma família grande com muitos irmãos e sobrinhos, e que nela já existe uma experiência bem-sucedida de adoção. O marido também faz vários comentários sobre adoção. Parece que eles estão mais ocupados psiquicamente com a adoção do que com o filho biológico que ainda estão tentando. Essa atitude também pode ter a função de protegê-los da intensa frustração de não engravidar com o tratamento. O casal parece tentar estabelecer um limite: "esperamos mais uma chance, se não der certo, a gente adota". Atitude sensata, considerando que, além do desgaste emocional e físico dos tratamentos, é necessário tempo para criar filhos, afinal são dez anos tentando conceber.

A adoção fica presente durante todo o nosso encontro: "A gente concorda, ter as características físicas não importa. Eu não penso: tem que ter o sangue. O verdadeiro pai e mãe é aquele que cria". Eles estão confirmando para si próprios, e um para o outro, diante de mim, seus pensamentos sobre adoção. Estão tentando lidar com o luto de não ter tido um filho de sangue.

A mãe de Irene teve muitos filhos, mas em seu último parto quase morreu. Teve séria hemorragia e ficou alguns dias na unidade intensiva de tratamento. Ela contava dez anos na época: "lembro do meu pai chorando, ela sofreu muito, teve muitos filhos. Minha mãe não morreu porque Deus não quis". Foi surgindo, ao longo do nosso encontro, o medo de Irene da gravidez e do parto, o sofrimento, a dor, a possibilidade da morte. É difícil dimensionar o impacto psíquico dessa experiência na vida dela. Irene diz: "O meu pai falava que a gente não sabe se a mulher volta para casa depois do parto. Sempre fez esse comentário, nas várias vezes que minhas irmãs engravidaram. Eu tenho consciência de que a mulher grávida arrisca a vida. O doutor sempre fala que a minha idade é avançada, eu tenho medo da minha idade, o que isso pode causar". O bebê adotado já vem pronto, não é necessário arriscar a vida, não é necessário o sangue (o filho de sangue) da hemorragia.

As fantasias referentes ao medo de morrer no parto têm um certo apoio em dados de realidade, ainda existem mulheres que vão a óbito por hemorragias, infecções, roturas pós-parto, etc. Há poucas décadas, o risco de morte de uma parturiente era ainda maior, principalmente em regiões afastadas de centros médicos. O fato de essas mulheres terem participado, em suas famílias de origem, de situações em que a vida da mãe, de uma irmã, ou alguém próximo, esteve ameaçada, provavelmente deixa marcas traumáticas. Os recursos psíquicos disponíveis para superar, enfrentar traumas psíquicos é algo singular a cada pessoa.

O parto é uma violenta ruptura: física e psíquica, talvez insuportável para algumas mulheres. Irene diz: "A gente fica com a pulga atrás da orelha. Será que vai correr tudo bem no parto, tenho medo de morrer. A minha cunhada e a minha irmã tiveram hemorragia, quase morreram".

Em encontro posterior: "A gente vai ter um bebê, ou da gente ou não. Eu vou ter um filhinho de qualquer jeito. O amor é convivência, você vai amar seu filho quando conhecer ele. Amor não é sangue, é como amar o marido, ele não tem o sangue da gente". É uma lição de vida, é isso mesmo, Irene, amor é convivência, nós amamos quem conhecemos.

## Rodrigo e Margarida, o filho divino

As chances de Rodrigo e Margarida engravidarem durante os procedimentos é baixa. Rodrigo apresenta baixo número de espermatozoides, e Margarida já não é tão jovem. Na primeira tentativa em reprodução assistida, que não resultou em gravidez, Rodrigo ficou deprimido e queria desistir de tudo: "sempre tive vontade de ter filhos, nunca pensei em adotar".

Ao recebê-los, e durante boa parte de nosso primeiro encontro, tive a impressão de que eles não tinham filhos. Surpreendeu-me quando Margarida disse que tinha um filho de seu primeiro casamento, e que morava com o casal. Rodrigo relata ter um bom relacionamento com ele, mas completa: "Sempre tive vontade de ter o meu filho, um filho homem para passear com ele, mas se vier uma menina tudo bem, que venha com saúde. Tenho curiosidade de saber se vai ser parecido comigo ou com ela. Por que Deus quis isso? Parece uma coisa tão simples para as outras pessoas. Será que eu não fui bom filho para merecer isso?".

Ter um filho é questão de merecimento, sua ausência é um castigo. Está associado a uma dúvida – será que ele foi um bom filho? O filho tem de vir para redimi-lo de suas culpas inconscientes – ter lesado os pais na fantasia? Se ele fizer tudo corretamente, ele será merecedor de coisas boas, como um filho; se for uma boa pessoa, ele terá um filho. Isso lembra os castigos bíblicos, aqueles que estavam em pecado eram amaldiçoados com a infertilidade dos campos e das mulheres. Recorda, também, os castigos do superego onipotente: se as demandas do superego forem atendidas, o sujeito considera-se bom e merecedor de coisas boas – como um filho.

Podemos compreender as referências a Deus, feitas por vários pacientes, também como falas que revelam o funcionamento, a presença de um superego onipotente, reativado pela própria situação da infertilidade, tão claramente expresso por Rodrigo. Ter ou não filhos pode estar impregnado de referências de qualificação e desqualificação, influência da cultura judaico-cristã? Sob alguns aspectos, penso que sim, sob outros, provavelmente, o que pode estar em jogo é a idealização infantil do poder dos pais de fazer bebês e o consequente sentimento de inferioridade da criança. A criança não pode "fazer" bebês como os pais; sob esse ângulo, no mundo infantil, que permanece inconsciente, o desejo de ter um filho estará vinculado irremediavelmente a uma ferida narcísica.

Sentimentos de qualificação e desqualificação podem ser fruto de julgamentos do superego que encontram sustentação e apoio nas referências culturais da cultura ocidental – o casal que tem filhos saudáveis é um casal abençoado, qualificado.

O bebê ausente de Margarida e Rodrigo já tinha enxoval e padrinho. O casal comenta, de maneira dolorosa, a facilidade com que as pessoas têm filhos, sendo que muitas vezes nem valorizam isso e deixam os filhos largados na rua. Eles estão se sentindo humilhados, inferiorizados, pela ausência de um filho.

Margarida e Rodrigo relatam experiências ruins de adoção na família. O casal parece se colocar em um beco sem saída. Adotar não é possível, ficar sem filhos é humilhante, o filho (enteado para Rodrigo) que está com eles é esquecido. A única saída para redimi-los é o filho biológico – "Eu sou uma boa pessoa, nós vamos engravidar". O filho não veio, e o que restou de tal constelação psíquica foi um estado de profunda depressão.

## Maurício e Bete, o filho como continuidade e reparação narcísica

Maurício e Bete estão casados há algum tempo, nunca evitaram a concepção. Maurício tem impossibilidade mecânica para conceber por causa de um sério acidente, porém esta sequela não impede o relacionamento sexual, somente a concepção. A única maneira de ter um filho biológico do casal é por meio de técnicas de reprodução assistida.

Passaram-se alguns anos para que Maurício tivesse condições emocionais de investigar se ele tinha alguma possibilidade de gerar um filho. Bete aguardou, estava ansiosa por esse momento, queria muito ter um filho. Ela relata o seguinte sonho: "Sonhei que eu tive uma menina e um menino, mas aí não era meu. Sonhei também com um bebê morto. Sonhei que o bebê era meu e depois deixou de ser". O bebê parece escapar pelos dedos, como água.

Bete quer um filho, pode ser adotado. Maurício quer "um fruto" dele: "A gente cresce, envelhece e morre; a gente tem que ter uma continuação, eu quero ter um filho meu para ter uma continuidade". É o narcisismo libidinal do Eu que parece estar presente, narcisismo de vida. É um desejo de imortalidade, de continuidade narcísica.

O fato de não ter condições de gerar um descendente de forma natural é uma das dolorosas sequelas do acidente na juventude. Maurício relata o seguinte sonho: "Tem um moleque comigo, é meu filho, está ao meu lado". O filho também pode ser o "fruto" que é desejado para reparar narcisicamente a dolorosa situação de Maurício. Ele quase morreu no acidente, talvez esse contato tão próximo com a morte também colabore com a intensificação do desejo por um descendente.

Bete comenta que está tensa, fica com frio na barriga sempre que vem ao hospital. Para esse casal, a expectativa de sucesso do tratamento intensifica-se. Relatam que estão muito ansiosos na expectativa de uma gravidez. Não existe espaço psíquico para pensar sobre a possibilidade do resultado negativo. Maurício: "A gente tem de pensar positivo". Observo que existe simbolicamente a seguinte equação: se o pensamento for positivo o exame de gravidez também será. O controle mágico e onipotente da situação está presente, tentando dar conta do desespero, do impensável. Logo após o procedimento, Bete comparece ao ambulatório com dois de seus sobrinhos. Sua casa está sempre cheia de crianças, cheia de sobrinhos e vazia de filhos.

A menstruação não veio na data prevista, a ansiedade aumentou: "A pior coisa é a espera, não sai da cabeça – será que estou grávida?". A gravidez não aconteceu, e Bete novamente insistiu com o marido sobre adoção, mas ele quer "um fruto" dele. A situação é delicada, tensa, o casamento está em pauta: "Ele disse que se eu não tiver um filho ele me larga". Nesse momento, parece ser impossível para Maurício conviver com a limitação de não ter condições de engravidar a esposa: "Com a saúde que eu tinha, é difícil de aceitar, porque aconteceu isso comigo?" Todas as outras perdas, sequelas do acidente, atualizam-se. O fato de Maurício ter sobrevivido ao acidente, de estar vivo, de ter uma esposa que está ao seu lado, passa a não ser considerado, valorizado. Para ele, sua condição de vida o fere narcisicamente.

Bete está com ele, com filhos biológicos ou adotivos. Maurício está com ela com a condição de terem um filho biológico: "Será que eu estou impedindo ela de ser feliz? A vontade dela é ter um filho". Bete diz: "A vontade de ter um filho biológico é mais dele do que minha". O impasse está colocado, a infertilidade germina. Maurício parece não encontrar em si mesmo outros atributos que o qualifiquem, que não sejam, somente, suas qualidades físicas. Dessa maneira, não é possível abrir mão do "fruto" dele, para que outros frutos possam crescer. Prevalece o narcisismo de morte ou negativo, estagnando a vida e ameaçando a continuidade do casal.

# 6.

## CONSIDERAÇÕES FINAIS

### Comentários ao processo, rumo à finalização

A experiência de acompanhamento de vários casais em processo de reprodução assistida mostrou-se rica, principalmente no sentido da compreensão do que pode ser mobilizado, em termos psíquicos, na situação. A capacidade de gerar filhos é uma capacidade em potencial; seu uso pode ser postergado para o futuro. A realização pela maternidade e paternidade geralmente é um dos mais importantes projetos de vida para o indivíduo e para o casal, e um dos alicerces a partir do qual o casal constrói seu relacionamento. Justamente por sua importância, a infertilidade pode ser um forte abalo na estrutura psíquica, reabrindo, de diferentes formas, antigas feridas, e afetando intensamente a autoestima.

Exemplificando os danos na autorrepresentação dessas mulheres, uma paciente relatou-me:

Há alguns anos eu fiz uma cirurgia para tirar um mioma. O mioma estava atrás do meu útero e era muito maior que este. Na época eu pedi pelo amor de Deus que eu não queria perder o meu útero. Hoje eu penso que teria sido melhor eu ter retirado o útero, porque aí eu teria que aceitar que eu não teria filhos e ponto.

A fala da paciente revela a raiva pelo próprio corpo, especialmente identificada no útero, que não foi capaz de gerar uma criança. Ela também procurava avaliações de cirurgiões-plásticos, pois percebia seu corpo como feio e velho. A apreciação estética de sua feminilidade parece ter ficado danificada, provavelmente decorrente de sua incapacidade de gerar filhos. Quando relata que teria sido melhor ter tirado o útero, podemos nos aproximar da dramática situação psíquica que é a aceitação de não poder conceber um filho, e de que forma a feminilidade da paciente também ficou prejudicada. É melhor não ter o órgão que contém um bebê do que tê-lo sem o bebê. A elaboração da perda da capacidade de conceber e gerar pode se estender até que fisiologicamente essas funções já não sejam possíveis, ou seja, até a menopausa[1].

Observei, em homens, cujas esposas engravidaram, que engravidar a mulher pode ser um símbolo de capacidade e

---

[1] Atualmente, pelos avanços da medicina, mulheres na menopausa podem gerar filhos, geralmente com óvulos doados por mulheres jovens.

potência masculinas. Goldstein (1996)[2] também constatou essa vivência nos homens:

> As mulheres estéreis também dizem que os maridos queixam-se que no ambiente de trabalho seus colegas afirmam que eles "não são de nada", "que não fazem direito", fazendo uma clara alusão ao desempenho sexual. Deste modo, os maridos desejam engravidar a esposa como se a gravidez simbolizasse que eles são homens.

Nas entrevistas no ambulatório, encontrei o seguinte comentário de um homem: "Não é normal para mim, a gente fica na expectativa. Será que o 'negão' tá ficando fraco! Cada 28 dias é uma expectativa". A experiência da infertilidade parece promover danos consideráveis nos referenciais de masculinidade e feminilidade.

Quanto à expectativa de gravidez durante os procedimentos, verifiquei os casais que estavam na primeira tentativa consideravam o resultado positivo uma certeza. As informações dadas, e repetidas, pelo médico, não eram realmente levadas em conta, fenômeno constatado em todos os casais iniciantes. Os casais estavam equilibrados numericamente quanto àqueles que tentavam o primeiro ciclo de tratamento e os que tentavam o segundo. Os veteranos comentavam sua experiência anterior

---

[2] GOLDSTEIN, R. A. (1996). *Vivências psicológicas de mulheres em um programa de esterilidade conjugal de um Hospital Municipal.* p. 177.

com os casais que estavam iniciando. Reforçavam (para eles mesmos e para os outros) que todo aquele processo era uma tentativa, que a gravidez não é certeza.

As conversas ocorriam na fila para os exames de ultrassom, na sala onde trocavam de roupa, na farmácia do hospital, nos corredores e até na rua. Todos torciam para que o tratamento resultasse em gravidez, revelando, também, o desejo, às vezes desesperado, de acreditar no método. Se o método funciona, vale o esforço da exposição do corpo, do tempo, etc. Uma paciente pergunta: "Alguém engravidou? Eu gostaria de saber, para ficar com mais esperanças". Outra diz: "Eu não consegui, mas estou torcendo para que as outras engravidem, é uma esperança".

Acreditar que os resultados dos métodos de reprodução assistida são certos pode ser uma forma de proteção de pensamentos dolorosos, porém inevitáveis na situação de infertilidade: será que o casal terá filhos naturais? Questão latente para todos, e para alguns, tendo reflexos também no sentido da continuidade do casamento, ou seja, o trabalho de elaboração de que, talvez, aquele casal não tenha filhos biológicos passa pelo questionamento do sentido da união do par.

Existe o risco de que o casal sem filhos não perdure como parceiros na vida. Uma paciente diz: "Se a gente não tiver filhos você pode procurar outra mulher, porque o problema é meu". O fato de a paciente "carregar" o diagnóstico de infertilidade passa a ser um dado com repercussões no relacionamento do casal. Ela é uma mulher com um "defeito", a infertilidade, o marido tem o direito de procurar uma mulher fértil, que dê um filho a ele. Em outro casal, em que o fator de infertilidade é masculino, a situação é semelhante, a esposa relata: "Ele disse que se eu não tiver um filho ele me larga, ele fala que vai largar de mim para que eu possa ter um filho com outro homem".

O projeto de ter filhos, geralmente, está acoplado com o projeto do casamento. O desejo de ter um fruto da união atual mobiliza, também, aqueles que estão no segundo ou terceiro casamento, mesmo que já existam descendentes. O desejo de imortalidade do Eu, que se realiza parcialmente ao se ter um filho, estende-se para a imortalidade do par. O filho pode, também, imortalizar o casal. Como escreve Lya Luft: "[...] porque ali naquele olho azul me vejo, naquela fina mão te vejo, amado meu". Para alguns casais, em contraposição à ameaça de rompimento do par, as tentativas de conceber um descendente gerou maior cumplicidade e união: "A gente, enquanto casal, se aproximou mais". Outra paciente diz: "A gente tem felicidade sem o bebê, mas com o bebê a felicidade aumenta".

O fato de o processo de reprodução assistida ter ocorrido em grupo criou uma especificidade[3] favorecedora para que este funcionasse como continente das várias e intensas emoções despertadas durante os procedimentos. Compartilhar a situação de infertilidade com outras pessoas proporcionou aos casais sentirem-se incluídos dentro de um grupo – aqueles que

---

[3] Nas clínicas de reprodução humana, geralmente, os procedimentos ocorrem individualmente.

não têm filhos, e não mais isolados, sozinhos, envergonhados e estigmatizados pelo sofrimento.

Observei, também, que alguns pacientes desenvolveram uma observação detalhada, minuciosa em relação a alterações corporais. O funcionamento do aparelho reprodutor passou a ser quase que o exclusivo foco de atenção. Construíram uma rede de fantasias sobre sua condição física e o resultado de seus exames: "Não sai da cabeça aquele exame, de que eu expulso os espermatozoides", ou seja, a fantasia vai tecendo uma trama única a partir dos comentários do médico a respeito dos exames e da condição física dos pacientes.

Constatei uma atitude obsessiva quanto a detalhes dos procedimentos, surgiram rituais de caráter parcialmente mágico. Se todos os detalhes forem cumpridos "à risca" a gravidez acontecerá. Traços de tentativas de exercer um controle mágico da situação: "Achei que tomei a injeção muito tarde". Podemos compreender esse tipo de defesa como reveladora de tentativas de negar/encobrir possíveis ambiguidades, ou seja, sentimentos ambíguos em relação à gravidez, encobertos de forma extremada pelos casais que buscam tratamento para infertilidade.

Jacob (2000)[4] conclui em sua pesquisa que aguardar o teste de gravidez foi o período "de tensão emocional mais sinalizado" pelos seus entrevistados. Nos casais que acompanhei, esse foi um momento de intensas e dolorosas expectativas. Aqueles

---

[4] JACOB, L. S. (2000). *Stress e ansiedade em casais submetidos à reprodução assistida.*

que estavam no segundo ciclo, tentavam "administrar" essa difícil espera: "Na primeira tentativa, saí contando para todo mundo, como se já estivesse grávida, dessa vez estou mais tranquila. Estou até com absorventes na bolsa, estou com o pé no chão". A paciente está tentando dar conta da angústia da espera considerando, precipitadamente, o resultado como negativo. Outros, que estavam na primeira tentativa, já se acreditavam grávidos, o teste seria apenas uma confirmação: "A barriga começa a inchar, a gente começa a alisar".

Apesar dessa difícil espera, nesse momento ainda existiam esperanças de que as agruras do tratamento seriam compensadas pela notícia da gravidez. Considero a constatação do resultado negativo o momento mais difícil para os casais. Alguns apresentaram sintomas físicos (crise de gastrite, insônia), outros sofreram pequenos acidentes domésticos (torção de pernas e braços, cortes) que podem estar relacionados a sentimentos de desesperança vividos por eles. Uma paciente diz: "A medicina ajuda, mas não faz milagres, depois de tanto tempo só um milagre". Muitos não quiseram comparecer ao ambulatório depois do resultado negativo; a dor da lembrança da expectativa da gravidez e da frustração foi intensa.

Godstein (1996)[5], por sua vez, constatou que a participação no Programa de Esterilidade Conjugal aumentou ainda mais a ansiedade das pacientes, fato que também observei: aumento na ansiedade e expectativa de gravidez no início do ciclo

---

[5] GOLDSTEIN, R. A. (1996). *Vivências psicológicas de mulheres em um programa de esterilidade conjugal de um Hospital Municipal.*

e intensificação da frustração de não ter filhos, e sintomas depressivos quando a gravidez não acontece no processo de reprodução assistida, ou seja, o processo de reprodução assistida favorece a intensificação das expectativas e das frustrações do desejo de conceber, criando uma espécie de "montanha-russa emocional"; situação propiciadora de consideráveis abalos psíquicos.

As expectativas e pressões de familiares para que o casal tenha um descendente se mostrou presente na fala de vários pacientes: "Sou a primeira filha, meu pai reclama muito, ele quer um neto. Meus irmãos estão esperando eu engravidar para que eles possam ter seus filhos". Outro paciente diz: "Já ganhei várias roupas de bebê do meu irmão, ele vai ser o padrinho. Meu marido também já ganhou vários presentes de bebê de colegas". Claro que a intensa expectativa dos familiares e amigos, entrelaça-se com as expectativas do casal, tornando a experiência da infertilidade, muitas vezes, insustentável.

A adoção igualmente foi um tema recorrente na fala dos pacientes. Alguns manifestaram o desejo de ter, primeiramente, um filho biológico e depois adotar, ou seja, consideravam a possibilidade de constituir uma família com filhos biológicos e adotados; situação que levanta questionamentos. Uma paciente disse: "Pelo meu marido já teríamos adotado, mas para mim, primeiro o meu". Outro paciente diz: "Primeiro eu quero um fruto meu, penso em adotar depois...", ou seja, a adoção parece ter um caráter de um tipo de pagamento de promessa, de dívida com Deus; o filho biológico seria uma dádiva divina, o adotado um sacrifício necessário pela bênção concedida. Será que o filho adotado seria sempre considerado filho de outros, um estranho para o olhar narcísico desses possíveis pais? Alguns casais se referiam à adoção como possibilidade de realização da maternidade e paternidade, caso eles não conseguissem um filho biológico: "Pretendo adotar, se não engravidar, depois dos 40 anos...". A adoção viria após o que a paciente considerava um limite para continuar tentando um filho biológico, ou seja, é preciso elaborar a impossibilidade do filho biológico, para que o filho adotivo encontre um lugar de pertencimento e não de estranheza.

O limite de até quando tentar conceber um filho biológico também foi abordado pelos pacientes. A idade da mulher foi uma importante referência (no local da pesquisa são aceitas para primeira consulta mulheres de até 36 anos, isto é, existe um limite *a priori*). No ambulatório, o casal tem direito a três tentativas, sendo que é o médico quem avalia as condições físicas necessárias para um bom prognóstico do tratamento. Essa característica do serviço parece facilitar que alguns pacientes deleguem a responsabilidade da escolha pelo tratamento exclusivamente ao médico: "Eu vou continuar tentando até quando o médico permitir, é ele que decide...".

Considerar um limite para as tentativas de concepção é considerar a possibilidade de que, talvez, não se terá filhos biológicos. A situação torna-se, paradoxalmente, ainda mais dramática nas clínicas particulares, para aqueles pacientes de poder aquisitivo elevado. Uma paciente do ambulatório comenta: "Limite de quê? Eu tive uma amiga que teve um filho com 48 anos, ela tem muita grana, se eu tivesse muito dinheiro, conseguiria". O poder financeiro pode funcionar, de forma ilusória, como proteção à frustração de não poder gerar descendentes. Desejo que nega a realidade, como se o tempo não passasse e o dinheiro também comprasse a juventude e o tempo necessário para acompanhar o desenvolvimento de um filho.

É fato conhecido e comentado pelos médicos, que atendem casais com dificuldades de conceber um filho, que essas pessoas fazem verdadeiras peregrinações, pelas clínicas particulares de reprodução assistida, à procura de um "messias" que dê um bebê a eles. O médico fica investido de um poder mágico e onipotente, semelhante às figuras parentais da primeira infância. No ambulatório, é comum as mulheres que engravidaram por meio de tratamentos de infertilidade trazerem seus bebês para que o médico os conheça. Não é somente o casal que gera o filho, o médico passa a fazer parte da concepção e, talvez, da paternidade simbólica da criança.

## Reflexões finais

Diante da recente tecnologia de reprodução humana, novas variáveis surgem, podendo causar impactos ainda desconhecidos quanto a suas representações inconscientes. Temos a "cena originária tecnológica", assim nomeada por Melgar

(1995)[6], ou seja, a origem do sujeito passa a estar implicada pelos procedimentos médico-laboratoriais, que farão parte de sua história, da mitologia pessoal do casal e do futuro bebê. Há um terceiro – o médico, e a cena destaca-se do ato sexual. É uma cena inédita na história da humanidade, que passa a ter inscrições inconscientes.

A psicanálise tem muito a contribuir com essa demanda tão característica do contemporâneo. Estamos na era da tecnologia, a qual deveria estar em função do sujeito. Porém, o mau uso dela também faz parte da realidade. Não podemos perder de vista que a tecnologia é produto da cultura, com um uso construtivo e tanático concomitantes.

A nova tecnologia de reprodução humana está aí para ser usada com cuidado e consideração aos limites psíquicos e éticos de cada casal. Sabemos que os profissionais que trabalham com essas técnicas, principalmente nas clínicas particulares, podem ficar "cativos" do desejo perverso de alguns pacientes. Questão extremamente complexa, em um campo da medicina em que a legislação existente ainda não consegue amparar médicos e pacientes. Os limites éticos da tecnologia devem ser considerados, sendo extremamente difícil delineá-los. Questões sociais, culturais, antropológicas e psicológicas problematizam--se, e estão muito além das fronteiras deste trabalho.

As contribuições da psicanálise para a compreensão do sofrimento psíquico dos casais com dificuldades de conceber

---

[6] MELGAR, M. C. (1995). *Procreación asistida (natural-artificial) en la cultura contemporánea.*

são importantes para a instrumentalização dos profissionais que atendem[7] casais infertéis.

As considerações feitas a partir do recorte teórico psicanalítico mostraram-se pertinentes para a compreensão da experiência psíquica do sujeito no eixo fertilidade/infertilidade.

A infertilidade reativa e estimula conflitos psíquicos relacionados ao desejo de ter um filho: conflitos ligados à sexualidade, à relação primária com a mãe, à identidade de gênero e ao conflito edípico. Sob esse aspecto, o que já foi escrito sobre infertilidade psicogênica mostra-se, ainda hoje, válido, necessitando, apenas, que se mude o vértice de compreensão, não como conflitos que estariam causando a infertilidade, mas como áreas de conflito psíquico reativadas na experiência da infertilidade.

Constatou-se que a experiência da infertilidade tem um potencial traumático considerável, pelo fato de o desejo de ter um filho se originar e permanecer vinculado, no inconsciente, a questões da sexualidade infantil e suas feridas narcísicas.

É importante destacar que as técnicas de reprodução assistida acabam por expor, ainda mais, os casais ao sofrimento psíquico da infertilidade. Sendo recomendável que se ofereça, aos pacientes, acompanhamento por um profissional da área de saúde mental.

Um filho gerado com a colaboração da tecnologia não é um filho da proveta, desapropriado de sua subjetividade e do

---

[7] Médicos, psicólogos, enfermeiros e outros.

desejo dos pais. O que observei, nos casais do ambulatório, foi a intensificação do desejo por um filho.

Pines (1990)[8] notou que para as mulheres inférteis, pela intensidade de seu desejo de ter um filho, o foco de atenção concentra-se no ciclo menstrual e suas vicissitudes, empobrecendo outras possíveis áreas de interesse.

Verifiquei, nos casos acompanhados, que a vida, principalmente das mulheres, fica quase que totalmente dedicada às sucessivas tentativas de engravidar. O fato de os procedimentos médicos exigirem a presença regular (quase que diária) das mulheres é algo que provavelmente contribui. Penso existir, também, fatores intrapsíquicos para essa "paralisação" de investimentos em outras áreas de interesse. A intensidade do desejo de ter filhos, como coloca Pines, parece ser um dos fatores. Porém, será que o desejo é intenso ou intensificou-se pela frustração? A intensidade do desejo é proporcional à ferida narcísica à qual está associado pela frustração de não conceber como se foi concebido? Penso que sim. O fato desses casais não conseguirem ter um filho sem intervenções médicas, como seus pais, reabre e intensifica a ferida narcísica à qual o desejo por um filho está vinculado.

A situação de infertilidade abala narcisicamente os pacientes, tendo como decorrência a baixa autoestima encontrada em todos os casais que foram acompanhados. A autodesqualificação dos casais inférteis é arrasadora. Essas pessoas parecem

---

[8] PINES, D. (1990). *Aspectos emocionales de la infertilidad y sus remedios.*

considerar que a única situação que os redimiria dessas ruínas de desqualificação seria conceber um filho. Tudo fica direcionado para esse projeto, as outras conquistas, talvez possíveis no momento, tornam-se menores, até desinteressantes. A situação de infertilidade promove um tipo de concentração de todos os investimentos pessoais, a vida dos pacientes fica imobilizada, aguardando o desfecho da infertilidade.

O filho fantasiado desde a primeira infância e atualizado na vida adulta torna-se, na experiência da infertilidade, um filho hiperinvestido, hiperlibidinizado. Filho concebido fora do ato sexual, mas, inescapavelmente, no âmbito da sexualidade. O filho da proveta, o filho do laboratório, não é um filho de um desejo frio. Pode ser o filho de um desejo intensificado pela experiência da infertilidade, concebido em laboratório com Eros.

Como não ser pai, tendo sido filho?!

Como não ser mãe, tendo sido filha?!

Conceber e ter um filho pode ser uma nova oportunidade para a elaboração de conflitos inconscientes vinculados ao infantil – que permanecerá sempre em nós. Se os filhos podem ser companheiros, compassados ou não, para uma grande valsa, não poder tê-los pode significar ficar fora dessa festa.

# REFERÊNCIAS BIBLIOGRÁFICAS

ABELIN-SAS, G. To mother or not to mother: abortion and its challenges. *Journal of Clinical Psychoanalysis*, 1(4): 607-623, 1992.

APFEL, R.; KEYLOR, R.G. Psychoanalysis and Infertility: myths and realities. *Int. J. Psycho-Anal.*, 3(1): 85-104, 2002.

APPLEGARTH, L. The psychological aspects of infertility. In: KEVE, W.; CHANG, R.; REBAR, R.; SOULES, M. (Eds.). *Infertilitity*: evaluation and treatment. New York: 1995.

CECCARELLI, P. R. Diferenças sexuais...? Quantas existem? In: CECCARELLI, P. R. (Org.). *Diferenças sexuais*. São Paulo: Escuta, 1999.

CHATEL, M. M. *Mal-estar na procriação: as mulheres e a medicina da reprodução*. Rio de Janeiro: Campo Matêmico, 1995.

CHASSEGUET-SMIRGEL, J. *As duas árvores do jardim*. Porto Alegre: Artes Médicas, 1986.

_____. *Sexualidade feminina*. Porto Alegre: Artes Médicas, 1988.

DIAS, C. A. M. *Eu já posso imaginar o que faço*. Lisboa: Assírio & Alvim, 1989.

DOMAR, A. D.; ZUTTERMEISTER, P. C.; FRIEDMAN, R. The psychological impact of infertility: a comparison with patients with other medical conditions. *J. Psychosom. Obstet. Gynaecol.*, 14(1): 45-52, 1993.

FERREIRA, A. B. H. *Dicionário da Língua Portuguesa*. Rio de Janeiro: Nova Fronteira, 1999.

FIORINI, L. G. Maternidad y sexualidad femenina a la luz de las nuevas técnicas reprodutivas. *Revista de Psicoanalisis*, 56(3): 651-663, 1999.

FRANCO Fo., O. M. O psicanalista e a medicina psicossomática. *Alter Jornal de Estudos Psicodinâmicos*, 12(1): 4547, 1982.

FREUD, S. (1905) Três ensaios sobre a teoria da sexualidade. In: *E.S.B.* Rio de Janeiro, Imago, 1980. v.7.

_____. (1908) Sobre as teorias sexuais das crianças. *Op. cit..* v.9.

_____. (1914) Sobre o narcisismo: uma introdução. *Op. cit..* v.14.

_____. (1923) O ego e o id. *Op. cit..* v.19.

_____. (1940) Esboço de psicanálise. *Op. cit..* v.23.

GOLDSTEIN, R. A. *Vivências psicológicas de mulheres em um Programa de Esterilidade Conjugal de um Hospital Municipal.* Dissertação de Mestrado. Programa de Estudos Pós-Graduados em Psicologia Clínica da PUC-SP, 1996.

GONDIM, M. C. B. *Determinantes socioculturais e seus efeitos sobre as representações do self num caso de infertilidade feminina.* Trabalho apresentado no XVIII Congresso Brasileiro de Psicanálise. São Paulo, 2001.

GREEN, A. *Narcisismo de vida/Narcisismo de morte.* São Paulo: Escuta, 1988.

HINSHELWOOD, R. D. *Dicionário do pensamento kleiniano.* Porto Alegre: Artes Médicas, 1992.

JACOB, L. S. *Stress e ansiedade em casais submetidos à reprodução assistida.* Tese de Doutorado. Instituto de Psicologia da Universidade de São Paulo, 2000.

KESTENBERG, J. Notes on parenthood as a developmental phase. *J. Amer. Psycoanal. Assn.*, 23: 154-165, 1974.

KLEIN, M. (1932) Os efeitos das primeiras situações da angústia sobre o desenvolvimento sexual da menina. In: *Psicanálise da criança*. São Paulo: Mestre Jou, 1969.

_____. (1928) Estágios iniciais do conflito edipiano. In: *Amor, culpa e reparação e outros trabalhos*. Rio de Janeiro: Imago, 1996.

LAPLANCHE, J. *Novos fundamentos para a psicanálise*. São Paulo: Martins Fontes, 1992.

LAPLANCHE, J.; PONTALIS, J. B. *Vocabulário da psicanálise*. São Paulo: Martins Fontes, 1992.

_____. *Fantasia originária, fantasia das origens, origem da fantasia*. Rio de Janeiro: Jorge Zahar, 1985.

LANGER, M. *Maternidade e sexo*. Porto Alegre: Artes Médicas, 1978.

LESTER, E. P. A surrogate carries a fertilised ovum: multiple crossings in ego boundaries. *Int. J. Psycho-Anal.*, 76(2): 325-334, 1995.

LINO DA SILVA, M. E. *Investigação e psicanálise*. Campinas: Papirus, 1993.

LOWENKRON, A. M. Maternidade: novas configurações? *Rev. Bras. Psicanal.*, 35(3): 823-842, 2001.

LUFT, L. *Secreta mirada*. São Paulo: Mandarim, 1997.

MARTINS, R. B. Algumas considerações sobre o sonho e suas funções. *Rev. Bras. Psicanal.*, 29(1): 55-68, 1995.

MARKUSCHOWER, S. S. *A feminilidade e a relação entre mãe e filha*. Dissertação de Mestrado. Programa de Estudos Pós-Graduados em Psicologia Clínica da PUC-SP, 1995.

McDOUGALL, J. *As múltiplas faces de Eros: uma exploração psicoanalítica da sexualidade humana*. São Paulo: Martins Fontes, 1997.

_____. Teoria sexual e psicanálise. In: CECCARELLI, P. R. (Org.). *Diferenças sexuais*. São Paulo: Escuta, 1999.

MELGAR, M. C. Procreación asistida (natural-artificial) en la cultura contemporánea. *Revista de Psicoanalisis*, 52(3): 811-819, 1995.

MEZAN, R. *Interfaces da psicanálise*. São Paulo: Companhia das Letras, 2002.

OLMOS, P. E. *Quando a cegonha não vem*. São Paulo: Carrenho, 2003.

PERSON, E. S.; OVESEY, L. Teorias psicanalíticas de identidade de gênero. In: CECCARELLI, P. R. (Org.). *Diferenças sexuais*. São Paulo: Escuta, 1999.

PINES, D. Pregnancy and motherhood: interaction between fantasy and reality. *Brit. J. Med. Psychol.*, 45: 333-343, 1972.

_____. Aspectos emocionales de la infertilidad y sus remedios. *Libro Anual de Psicoanalisis*, 1990.

_____. The relevance of early psychic development to pregnancy and abortion. *Int. J. Psycho-Anal.*, 63: 311-319, 1982.

SPRINGER-KREMSER, M.; JESSE, S. S. Panel report: infertility, surrogacy and the new reproductive techniques: psychoanalytic perspectives. *Int. J. Psycho-Anal.*, 77(1): 129-33, 1996.

TORT, M. *O desejo frio: procriação artificial e crise dos referenciais simbólicos*. Rio de Janeiro: Civilização Brasileira, 2001.

TUBERT, S. *Mulheres sem sombra, maternidade e novas tecnologias reprodutivas*. Rio de Janeiro: Rosa dos Tempos, 1996.

VAZ, M. P. P. Controvérsias epistemológicas da psicanálise contemporânea. *Rev. Port. Psic.*, 13: 69-90, 1994.

YIN, M. L. Y. *Aspectos psicológicos da esterilidade feminina*. Dissertação de Mestrado. Programa de Estudos Pós-Graduados em Psicologia Clínica da PUC-SP, 1987.

ZALUSKY, S. Infertility in the age of technology. *Journal of American Psycho. Assoc.*, 48(4): 1541-1562, 2000.

Impresso por :

gráfica e editora

Tel.:11 2769-9056